미래와 통하는 책

동양북스 외국어
베스트 도서
700만 독자의 선택!

새로운 도서, 다양한 자료
동양북스 홈페이지에서 만나보세요!

www.dongyangbooks.com
m.dongyangbooks.com

※ 학습자료 및 MP3 제공 여부는 도서마다 상이하므로 확인 후 이용 바랍니다.

홈페이지 도서 자료실에서 학습자료 및 MP3 무료 다운로드

PC

❶ 홈페이지 접속 후 도서 자료실 클릭
❷ 하단 검색 창에 검색어 입력
❸ MP3, 정답과 해설, 부가자료 등 첨부파일 다운로드
　* 원하는 자료가 없는 경우 '요청하기' 클릭!

MOBILE

* 반드시 '인터넷, Safari, Chrome' App을 이용하여 홈페이지에 접속해주세요. (네이버, 다음 App 이용 시 첨부파일의 확장자명이 변경되어 저장되는 오류가 발생할 수 있습니다.)

❶ 홈페이지 접속 후 ≡ 터치

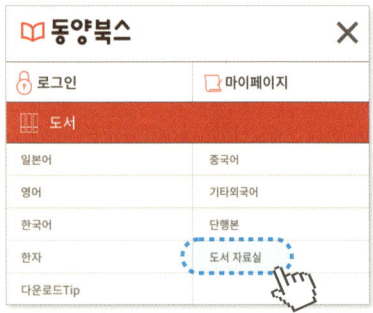

❷ 도서 자료실 터치

❸ 하단 검색창에 검색어 입력
❹ MP3, 정답과 해설, 부가자료 등 첨부파일 다운로드
　* 압축 해제 방법은 '다운로드 Tip' 참고

초판 8쇄 | 2024년 3월 20일

지은이 | 키다 카요코, 사코다 아키코, 가와구치 게이코
감 수 | 오쿠야마 요코
번 역 | 김혜원
발행인 | 김태웅
편 집 | 길혜진, 이서인
디자인 | 남은혜, 김지혜
마케팅 총괄 | 김철영
온라인 마케팅 | 김은진
제 작 | 현대순

발행처 | ㈜동양북스
등 록 | 제 2014-000055호
주 소 | 서울시 마포구 동교로22길 14 (04030)
구입 문의 | 전화 (02)337-1737   팩스 (02)334-6624
내용 문의 | 전화 (02)337-1762   dybooks2@gmail.com

ISBN 979-11-5703-105-4 14730
ISBN 979-11-5703-104-7 (세트)

ⓒ 키다 카요코·사코다 아키코·가와구치 게이코, 2015

▶ 본 책은 저작권법에 의해 보호를 받는 저작물이므로 무단 전재와 복제를 금합니다.
▶ 잘못된 책은 구입처에서 교환해드립니다.
▶ 도서출판 동양북스에서는 소중한 원고, 새로운 기획을 기다리고 있습니다.
 http://www.dongyangbooks.com

이 도서의 국립중앙도서관 출판시도서목록(CIP)은 서지정보유통지원시스템 홈페이지(http://seoji.go.kr)와
국가자료공동목록시스템(http://www.nl.go.kr/kolisnet)에서 이용하실 수 있습니다.
(CIP제어번호:CIP2015020438)

はじめに
머리말

　本書は初級文法を一通り学習し、会話を中心に勉強したいと思っている学習者を対象にしています。また、言葉はその国の文化を表すと言われるように文化的、心理的側面を知ることは外国語学習に必要なことだという思いから、日本の文化、生活、考え方などの情報も盛り込んであります。

　私たちの外国語学習経験からも、外国語で自分の言いたいことや気持ちを伝えられた時の嬉しさは格別のものがあります。しかしながら、文法や語彙を学習することとコミュニケーションをとるということには多少へだたりがあり、そこを繋ぐことが必要だと言えます。少しでもその橋渡し役になれればという思いから制作をスタートしました。

　本書は、日常生活によくある場面において自分のことや身の周りのことについて話したり聞いたり、それについて簡単な感想や意見を言ったりすることができるように作りました。そして学習した内容を活用・応用できるタスクやアクティビティーを通して、会話の力を伸ばすことができるようにしました。

　本書を通して、一人でも多くの人が日本語を使って楽しく会話をすることができるように、そしてそこから世界を広げていけるようになることを願っています。

　最後になりますが、監修をしてくださった奥山洋子先生に心より御礼申し上げます。

著者一同

本書の構成
이 책의 구성

考えてみよう / 생각해 보자

課のトピックに関する質問について話し合うことで、自身の経験を思い起こし、トピックへの関心を引き出します。

과 주제에 관련된 질문에 대하여 서로 이야기를 나눔으로써 자신의 경험을 상기하고 주제에 대한 관심을 이끌어냅니다.

会話 1・2 / 회화 1・2

課のトピックに関するモデル会話です。負担を少なくするため、各課の会話は 8〜12 ターンにおさめました。

과 주제에 관한 모델 회화입니다. 학습에 부담이 되지 않도록 각 과의 회화는 8〜12턴 안으로 정리하였습니다.

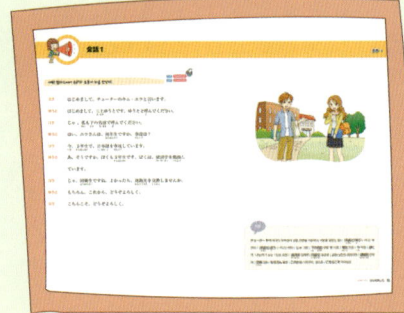

ちょっと確認！ / 잠깐 확인!

初級学習の復習となるヒントをまとめました。

초급 학습에 복습이 되는 힌트를 정리하였습니다.

表現・文型チェック / 표현・문형 체크

会話に必要な表現や文型を例文と共に提示しました。

회화에 필요한 표현이나 문형을 예문과 함께 제시하였습니다.

ここに注目！ / 여기에 주목！

知っていると会話に役立つ言語形式などについてまとめました。

알면 회화에 도움이 되는 언어형식 등을 정리하였습니다.

ドリル / 드릴

コミュニケーションする際に必要となる学習項目の表現や文型の定着・確認のための会話形式の練習問題です。

의사소통할 때 필요한 학습 항목의 표현이나 문형 습득・확인을 하기 위한 회화 형식의 연습 문제입니다.

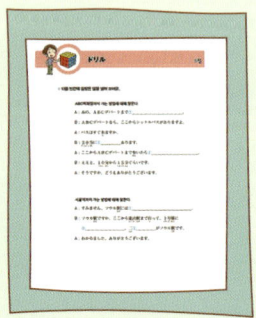

ロールプレイ / 롤플레이

役割を変えて各課で学んだ表現を利用し、実際のコミュニケーションの場面に近い状況での会話を練習します。また、会話の流れをフローチャートで視覚化することで、話す内容と順序を意識して会話ができるようにしました。課によって、関連語彙や表現を提示しています。

역할을 바꾸며 각 과에서 배운 표현을 사용하여 실제 의사소통의 장면과 가까운 상황에서 회화를 연습합니다. 또 회화 흐름을 플로차트로 시각화함으로써 말하는 내용과 순서를 의식하면서 대화를 할 수 있도록 하였습니다. 과에 따라 관련 어휘나 표현을 제시하였습니다.

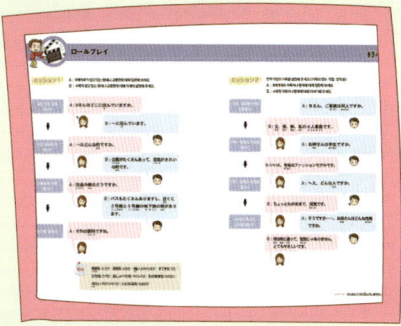

たっぷり！日本語PLUS / 듬뿍! 일본어 플러스

課に関連した日本の文化や言葉に関する情報を韓国語で紹介しています。

과에 관련된 일본 문화나 언어에 관한 정보를 한국어로 소개하였습니다.

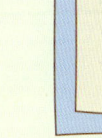

復習チェックシート / 복습 체크시트

6課ごとに復習や自己評価ができるようにチェックシートを設けています。チェックシートは中間・期末テストの予行練習のために、最低2回チェックできるようになっています。

6과마다 복습이나 자기 평가를 할 수 있도록 체크시트를 준비하였습니다. 체크시트는 중간・기말 고사의 사전 연습을 위해 확인을 최소 두 번 할 수 있도록 하였습니다.

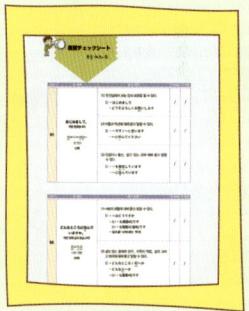

付録 / 부록

「会話の韓国語訳」、「ドリルの解答例」、「すぐに使える語彙リスト」を収録しました。

'회화의 한국어 해석', '드릴의 정답 예시', '바로 꺼내 쓰는 어휘 리스트'를 수록하였습니다.

▶ 授業用資料はドンヤンブックスホームページ (http://www.dongyangbooks.com)「MP3&자료실」より無料ダウンロードが可能です。

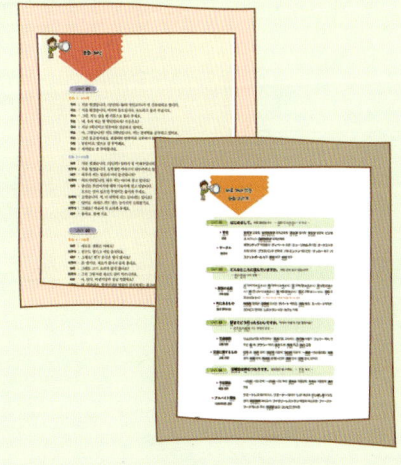

目次
목차

머리말 • 3

이 책의 구성 • 4

목차 • 6

학습구성표 • 8

등장인물 소개 • 12

UNIT 01 はじめまして。 처음 뵙겠습니다. ………… 13
～ 初めての出会い 첫 만남 ～
はじ　　　であ

UNIT 02 どんなところに住んでいますか。 어떤 곳에 살고 있습니까? ………… 25
す
～ 私の生活 나의 생활 ～
わたし　せいかつ

UNIT 03 駅までどう行ったらいいですか。 역까지 어떻게 가면 좋은가요? …… 37
えき　　　　い
～ 行き方の説明 가는 방법의 설명 ～
い　かた　せつめい

UNIT 04 日曜日は休むつもりです。 일요일은 쉴 거예요. ………………… 51
にちようび　やす
～ 予定 예정 ～
よてい

UNIT 05 踊るのが好きです。 춤추는 것을 좋아합니다. ………………… 65
おど　　　す
～ 好きなこと・友達言葉① - 現在形 - 좋아하는 것·반말 표현① – 현재형 – ～
す　　　　ともだちことば　　　げんざいけい

UNIT 06 旅行どうだった？ 여행은 어땠어? ………………… 77
りょこう
～ 過去の出来事・友達言葉② - 過去形 - 과거의 일·반말 표현② – 과거형 – ～
か こ　でき ごと　ともだちことば　　　か こけい

UNIT 01-06 復習チェックシート 복습 체크시트 ………………… 89
ふくしゅう

UNIT 07	**予約した方がいいですよ。** 예약하는 게 좋아요. ············· 93
	～ 状況説明・助言 상황 설명・조언 ～

UNIT 08	**外国に行ったことがある？** 외국에 가본 적 있어? ············· 107
	～ 経験・希望 경험・희망 ～

UNIT 09	**ギター弾けるの？** 기타 칠 수 있어? ············· 119
	～ 可能表現・申し出 가능 표현・제안 ～

UNIT 10	**あと5分ぐらいで着くって。** 앞으로 5분 정도면 도착한대. ············· 131
	～ 情報の伝達 정보의 전달 ～

UNIT 11	**プレゼントをもらいました。** 선물을 받았습니다. ············· 143
	～ 授受表現 수수 표현 ～

UNIT 12	**助けてくれてありがとう。** 도와줘서 고마워. ············· 157
	～ 感謝を述べる・振り返る 감사를 표하다・돌이켜 보다 ～

UNIT 07-12	**復習チェックシート** 복습 체크시트 ············· 169

부록

- 회화 해석 • 173
- 드릴 정답 예시 • 185
- 바로 꺼내 쓰는 어휘 리스트 • 187

学習構成表
학습구성표

	タイトル	目標	会話	場面	学習項目
UNIT 01	はじめまして。 ～初めての出会い～	初対面の人と、名前・学年・専攻・出身などについて話したり聞いたりすることができる。	1	名前・学年・専攻について話したり聞いたりする。	☐ 初対面の挨拶(はじめまして。どうぞよろしくお願いします。) ☐ 私は＜名前＞と言います ☐ ＜名前＞と呼んでください ☐ Vています
			2	出身やサークルについて話したり聞いたりする。	
UNIT 02	どんなところに住んでいますか。 ～私の生活～	自分の出身地や住んでいるところについて話したり質問したりできる。また、家族やペットについて説明することができる。	1	韓国の生活や食べ物について話したり聞いたりする。	☐ ～はどうですか ☐ い・な形容詞の現在形 ☐ どんなところですか ☐ A＜て/A で
			2	家族や住んでいる町について話したり聞いたりする。	
UNIT 03	駅までどう行ったらいいですか。 ～行き方の説明～	目的地までの交通手段、行き方を質問したり、説明したりすることができる。	1	目的地までの交通手段や所要時間について、質問したり説明する。	☐ どうやって行ったらいいですか ☐ 歩いたら～分、バスなら～分です ☐ ～分に1本 ☐ ～号線で～まで行きます ☐ 乗り換えて～つ目です
			2	観光客に地下鉄での行き方や所要時間、乗り換え等を説明する。	

タイトル	目標	会話	場面	学習項目
UNIT 04 日曜日は休むつもりです。 〜予定〜	休みの予定や学校のスケジュールを聞いたり、話したりすることができる。	1	休みの予定について詳しく聞いたり話したりする。	☐ (時間)から (時間)まで ☐ 月日 ☐ Vするつもりです/予定です
		2	授業のスケジュールについて聞いたり話したりする。	☐ 〜は空いていますか ☐ 曜日
UNIT 05 踊るのが好きです。 〜好きなこと・友達言葉① -現在形-〜	好きなことや得意なこと、趣味について質問したり、話したりできる。友達言葉でも話すことができる。	1	好きなことや得意なことについて話したり聞いたりする。	☐ Vするのが好き/嫌い/上手/下手/得意/苦手です
		2	友達言葉を使う提案をして友達言葉で話す。	☐ 普通形の現在形
UNIT 06 旅行どうだった？ 〜過去の出来事・友達言葉② -過去形-〜	過去にあった出来事について、感想を聞いたり話したりすることができる。	1	週末の出来事について感想を聞いたり話したりする。	☐ どうでしたか ☐ い・な形容詞の過去形
		2	過去の出来事について聞いたり、例を挙げて話したりする。	☐ 普通形の過去形 ☐ VたりVたり

▶ 学習構成表の韓国語版はドンヤンブックスホームページ(http://www.dongyangbooks.com)「MP3&자료실」より無料ダウンロードが可能です。

タイトル	目標	会話	場面	学習項目
UNIT 07 予約した方がいいですよ。 〜状況説明・助言〜	ある状況について説明したり、その状況に対する助言をしたりすることができる。	1	目的地までの交通手段やチケットの購入方法について助言する。	☐ ちょっといいですか ☐ Vんです ☐ Vた方がいい/ない方がいい ☐ 何かアドバイスある？ ☐ Vんだ
		2	交通機関のサービスについて、助言したり詳しく説明したりする。	
UNIT 08 外国に行ったことがある？ 〜経験・希望〜	過去の経験について質問したり話したり、自分の希望(したいこと)について話すことができる。	1	過去の経験について聞いたり詳しく話したりする。	☐ Vたことがあります ☐ Vたこととなかった ☐ Vたい ☐ Vたかった
		2	将来の希望について聞いたり話したりする。	
UNIT 09 ギター弾けるの？ 〜可能表現・申し出〜	できることや、できないことを話すことができる。また、状況に応じて自分の行動を提案することができる。	1	誕生日パーティーの相談をし、準備をお願いする。	☐ Vることができます ☐ 可能形 ☐ Vてほしいんだけど ☐ Vましょうか ☐ 〜をお願いできますか ☐ 〜をお願いしたいのですが ☐ Vてほしいんだけど
		2	パーティーの準備でそれぞれができることについて聞いたり話したりする。	

タイトル	目標	会話	場面		学習項目
UNIT 10 あと5分ぐらいで着くって。〜情報の伝達〜	自分の持っている情報を相手に伝えることができる。また、過去とは変化した状況・状態について話すことができる。	1	過去と変化したことについて話したり、自分の考えや聞いた情報を伝えたりする。	☐ ☐ ☐	Nになる、Aになる VばVほど 〜って/らしい
		2	過去との変化について詳しく話したり、他者の評判について話したりする。	☐ ☐	〜そうです/らしいです 〜のに
UNIT 11 プレゼントをもらいました。〜授受表現〜	もののあげもらいについて話すことができる。また、プレゼントをあげたりもらったりする時の表現を使うことができる。	1	誕生日プレゼントをもらい、喜びの気持ちを伝える。	☐ ☐ ☐ ☐	これ、どうぞ 気に入ってもらえるといいんだけど くれます もらいます
		2	プレゼントに何をあげるかの相談をしたり決めたりする。	☐ ☐	ちょうど欲しいと思っていたんです あげます
UNIT 12 助けてくれてありがとう。〜感謝を述べる・振り返る〜	感謝の気持ちを表したり、親しい人に助けを申し出たりすることができる。また、自分の考えを簡単に表現することができる。	1	勉強に関して、してもらったことややってあげることについて話す。	☐ ☐ ☐	Vてあげます Vてもらいます 〜と思います
		2	一学期間を振り返りながら、感謝の気持ちを伝えたり、自分の考えを簡単に表現したりする。	☐ ☐ ☐	Vてくれます Vてくれてありがとう Nのおかげです

▲ 学習構成表の韓国語版はドンヤンブックスホームページ(http://www.dongyangbooks.com)「MP3&자료실」より無料ダウンロードが可能です。

登場人物の紹介
등장인물 소개

三上ゆうと
み かみ

현재 한국에서 유학 중인 일본인 대학생이다.
경제학을 전공한 대학교 3학년 학생이다.
해외에서 일하는 것이 꿈이다.

山口はるか
やま ぐち

유토와 같은 학교에 유학 중인 일본인 대학생이다.
일본에서는 이문화커뮤니케이션을 전공하고 있다.
댄스와 먹는 것에 관심이 많은 대학교 2학년 학생이다.

イ・テウ

현재 4학년인 한국인 대학생이다.
댄스 동아리에서 활동하면서 하루카의 도우미를 하고 있다.
경제학 전공으로 일본어를 복수 전공하고 있다.

キム・ユラ

현재 3학년인 한국인 대학생이다.
일본어를 전공하고 있으며 유토의 도우미이다.
일본어 자원봉사를 하고 있다.

UNIT 01

はじめまして。

처음 뵙겠습니다.
～ 初めての出会い 첫만남 ～

考えてみよう

1. 最近、新しい友達ができましたか。
2. 自己紹介のとき、どんなことを話しますか。
3. ニックネームはありますか。

会話1

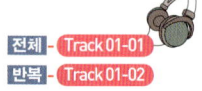

대학 캠퍼스에서 유라와 유토가 처음 만난다.

ユラ　　はじめまして。チューターのキム・ユラと言います。

ゆうと　はじめまして。三上ゆうとです。ゆうとと呼んでください。

ユラ　　じゃ、私も下の名前で呼んでください。

ゆうと　はい。ユラさんは、何年生ですか。専攻は？

ユラ　　今、3年生で、日本語を専攻しています。

ゆうと　あ、そうですか。ぼくも3年生です。ぼくは、経済学を勉強しています。

ユラ　　じゃ、同級生ですね。よかったら、連絡先を交換しませんか。

ゆうと　もちろん。これから、どうぞよろしく。

ユラ　　こちらこそ、どうぞよろしく。

회화 1

어휘

チューター 튜터(외국인 유학생의 생활 전반을 지원하는 사람을 일컫는 말) | (名前と)呼ぶ (~라고) 부르다 | (名前と)言う (~라고) 하다 | じゃ 그럼 | 下の名前 성을 뺀 이름 | 専攻 전공 | 今 지금 | ぼく 저, 나(남자가 쓰는 1인칭 표현) | 経済学 경제학 | 同級生 동급생 | よかったら 괜찮다면 | 連絡先 연락처 | 交換 교환 | もちろん 물론 | これから 이제부터, 앞으로 | こちらこそ 저야말로

会話 2

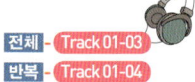

대학 캠퍼스에서 태우와 하루카가 처음 만난다.

テウ	はじめまして。チューターのイ・テウです。
はるか	はじめまして。留学生の山口はるかと言います。
テウ	はるかさんの出身は日本のどちらですか。
はるか	広島です。テウさんは、どちらに住んでいますか。
テウ	出身は釜山ですが、大学の寮に住んでいます。わからないことは何でも聞いてくださいね。
はるか	ありがとうございます。あの、この大学にダンスサークルはありますか。
テウ	ありますよ。実はぼくもダンスサークルに入っています。
はるか	そうですか。今度、ぜひ紹介してください。
テウ	いいですよ。一緒に行きましょう。

회화 2

어휘

留学生 유학생 | 出身 출신 | どちら 어느 쪽, 어디(どこ보다 공손한 말씨) | 広島 히로시마 | 釜山 부산 | 寮 기숙사 | わからないこと 모르는 것 | 何でも 무엇이든지 | 聞く 묻다 | あの 저 | ダンスサークル 댄스 동아리 | 実は 사실은 | 入る 들어가다, 가입하다 | 今度 이번, 이 다음 | ぜひ 꼭 | 紹介する 소개하다 | 一緒に 함께

表現・文型チェック

1 初対面で使う表現 첫 만남에서 쓰는 표현

(1) はじめて会うとき 처음 만날 때

はじめまして。〜と言います / はじめまして。〜です

どうも、〜と言います / どうも、〜です

これから、どうぞよろしくお願いします / こちらこそ、よろしくお願いします

예 A：はじめまして。山田たろうと言います。
　　B：はじめまして。田中はなこです。
　　A：これから、どうぞよろしくお願いします。
　　B：こちらこそ、よろしくお願いします。

(2) 名前の呼び方を提案するとき 호칭을 제안할 때

〜と呼んでください / 下の名前で呼んでください

예 ① たろうと呼んでください。
　　② 下の名前で呼んでください。

표현·문형 체크

ここに注目！

인사의 길이나 형식에 따라 정중함의 정도가 달라집니다. 인사하는 상대나 상황에 따라 골라 써 봅시다.

예　よろしく。
　　どうぞよろしく。
　　よろしくお願（ねが）いします。
　　どうぞよろしくお願（ねが）いします。

보다 정중함

2 専攻（せんこう）や住（す）んでいるところについて話（はな）すとき 전공이나 살고 있는 곳에 대해 말할 때

動詞（どうし）て形（けい） ＋ います ~하고/해 있습니다

예　① 私（わたし）はフランス語（ご）を専攻（せんこう）しています。
　　② 兄（あに）は釜山（プサン）に住（す）んでいます。
　　③ 大学（だいがく）のテニスサークルに入（はい）っています。

표현·문형 체크

〈動詞て形〉
どうし　けい

	동사 사전형	어미, 활용	て형
グループ1	買う(か) 立つ(た) 入る(はい) ※ 行く(い)(예외)	う・つ・る → って	買って(か) 立って(た) 入って(はい) ※ 行って(い)
	死ぬ(し) 呼ぶ(よ) 住む(す)	ぬ・ぶ・む → んで	死んで(し) 呼んで(よ) 住んで(す)
	書く(か) 泳ぐ(およ)	く → いて ぐ → いで	書いて(か) 泳いで(およ)
	話す(はな)	す → して	話して(はな)
グループ2	見る(み) 食べる(た) 寝る(ね)	る → て	見て(み) 食べて(た) 寝て(ね)
グループ3	来る(く) → 来て(き)	する → して	

ドリル

● 다음 빈칸에 알맞은 말을 넣어 보세요.

1 자기소개를 한다.

A : はじめまして。私はイ・ミレ① _____ 。

B : どうも。福山まさしです。まさし② _____ ください。

A : じゃ、私も下の名前で③ _____ ください。

B : はい。これから④ _____ 。

A : こちらこそ、⑤ _____ 。

2 전공이나 살고 있는 곳에 대해 말한다.

A : まさしさんは、どちらに① _____ いますか。

B : 大学の寮に② _____ います。

A : 私もです。まさしさんの専攻は何ですか。

B : 国際関係を③ _____ います。ミレさんは？

A : 日本文学です。

ロールプレイ

ミッション1

A : 처음 만난 B에게 인사하고 자기소개를 통해 호칭을 확인해 보세요.
B : 처음 만난 A에게 인사하고 자기소개를 통해 호칭을 확인해 보세요.

처음 만난 상대에게 인사한다

A : はじめまして。パク・ジョンウォンと言います。

B : はじめまして。私は木村美香です。

호칭을 제안한다

A : ジョンウォンと呼んでください。

B : 私も下の名前で呼んでください。

호칭을 확인한다

A : じゃ、美香さんと呼びますね。

B : じゃ、私はジョンウォンさんと呼びますね。

첫 만남의 인사를 마친다

A : これから、どうぞよろしくお願いします。

B : こちらこそ、よろしくお願いします。

롤플레이

ミッション2

A : B에게 학년, 전공이나 동아리 등에 대해 묻고 이야기해 보세요.
B : A에게 학년, 전공이나 동아리 등에 대해 묻고 이야기해 보세요.

학년을 묻는다

A : 美香さんは何年生ですか。
　　　みか　　　　なんねんせい

↓

B : 2年生です。
　　に ねんせい

전공을 묻는다

A : じゃ、同級生ですね。
　　　　どうきゅうせい
　　専攻は何ですか。
　　せんこう なん

B : 日本文学を専攻しています。
　　に ほんぶんがく　せんこう
　　ジョンウォンさんの専攻は？
　　　　　　　　　　　せんこう

동아리에 대해 묻는다

A : 経済学を専攻しています。ところで、
　　けいざいがく せんこう
　　何かサークルに入っていますか。
　　なに　　　　　　はい

B : サイクリングサークルに入っています。
　　　　　　　　　　　　　　はい

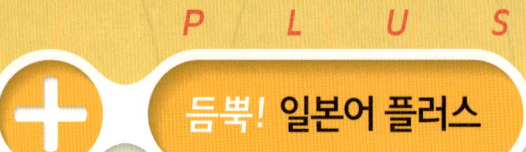 

'애칭'으로 부르기

첫 만남에서 학생이나 젊은이들은 '~라 불러 주세요.'라고 부르기 편한 이름을 제안하는 경우가 종종 있습니다. 이때 자신의 '애칭(ニックネーム)'을 말하는 사람들도 많은데요. 그렇게 하면 '~씨'라고 부르는 것보다 상대방과의 거리가 가까워져 쉽게 친해지는 효과가 있다고 합니다. 애칭을 만드는 방법에는 몇 가지 유형이 있는데 그 예를 살펴봅시다.

① 성이나 이름의 한자 앞부분의 끝 음이 「つ」 또는 「ち」로 끝날 경우에 「~っちゃん」을 붙이는 유형

> 예 松本(まつもと : 성) → まっちゃん, 美智子(みちこ : 이름) → みっちゃん

② 성이나 이름의 한자 한 글자를 따서 끝 음 앞에 촉음 'っ'을, 뒤에 장음 'ー'을 넣어 박(拍)을 늘이는 유형

はく

> 예 内田(うちだ : 성) → ウッチー, 佳美(よしみ : 이름) → ヨッシー

③ 성과 이름의 한자의 각 앞 글자 두 개를 연결하는 유형

> 예 中村慎志(なかむらしんじ) → ナカシン, 山本卓也(やまもとたくや) → ヤマタク

여러분의 이름으로 애칭을 만든다면 어떤 것이 좋을지 생각해 보면 재밌을 것 같지 않나요? 단, 상대방이 기분 상할 만한 것은 피하는 게 좋겠죠.

UNIT 02

どんなところに住んでいますか。
어떤 곳에 살고 있습니까?

～ 私の生活 나의 생활 ～

考えてみよう

1. どんな食べ物が好きですか。
2. 好きなレストランのメニューは何ですか。
3. あなたの町はどんなところですか。

会話 1

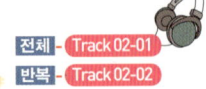

태우와 하루카가 한국생활과 음식에 대해 이야기한다.

テウ	新しい生活はどうですか。

はるか　友達もできて毎日楽しいです。

テウ　そうですか。韓国の食べ物は辛くないですか。

はるか　ちょっと辛いですが、野菜が多くてヘルシーですね。

テウ　でも、肉料理が多くないですか。

はるか　それはそうですが、野菜も一緒に食べますから。

テウ　あ、そうだ。学食のランチを食べましたか。

はるか　ええ、食べました。学食名物のキムチチゲ、最高ですね。

회화 1

어휘

生活 생활	(友達が)できる (친구가) 생기다	食べ物 음식	辛い 맵다/매운	ちょっと 조금
野菜 채소	ヘルシーな 몸에 좋다/몸에 좋은	でも 하지만	肉料理 고기 요리	～から ~니까,
～けど	そうだ 맞다(뭔가 생각날 때)	学食 학생식당(학생식당의 줄임말)	ランチ 점심	ええ
네	名物 명물	キムチチゲ 김치찌개	最高 최고

会話2

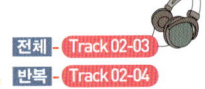

유토가 살고 있는 동네, 자신의 가족에 대해 이야기한다.

ユラ	ゆうとさん、ソウルの生活はどうですか。
ゆうと	お店も多くて便利ですね。
ユラ	そうですか。日本ではどんなところに住んでいましたか。
ゆうと	私のふるさとは大阪にありますが、ちょっと交通が不便で大変です。
ユラ	へえ、そうですか。ご家族もそこに住んでいますか。
ゆうと	はい。両親と高校生の妹一人と柴犬のトトがいます。
ユラ	え、そうなんですか。私も犬を飼っています。トトはどんな犬ですか。
ゆうと	たいてい、柴犬は賢くておとなしいですが、トトはちょっと……。

회화 2

어휘

ソウル 서울 | **お店**(みせ) 가게 | **ところ** 곳, 장소 | **ふるさと** 고향 | **交通**(こうつう) 교통 | **不便な**(ふべん) 불편하다/불편한
両親(りょうしん) 부모님 | **柴犬**(しばいぬ) 시바견(일본 토종 개의 한 종류) | **飼う**(か) 기르다 | **たいてい** 대개 | **賢い**(かしこ) 영리하다/영리한 | **おとなしい** 얌전하다/얌전한

表現・文型チェック

1 町や人、食べ物について話すとき 동네나 사람, 음식에 대해 말할 때

(1) い・な形容詞

예 ① この町は、交通が便利です。
　　② 韓国の食べ物はとてもおいしいです。
　　③ 私の妹はあまり明るくないです。

〈 い・な形容詞 -現在形- 〉

긍정	부정
おもしろいです	おもしろくありません おもしろくないです(보다 구어적임)
好きです	好きじゃありません 好きじゃないです(보다 구어적임)

예외 よい / いい(좋다) → よくありません・よくないです

> **ちょっと確認!**
>
> きれいな(깨끗하다/깨끗한, 예쁘다/예쁜), 嫌いな(싫다/싫은), 有名な(유명하다/유명한)는 'い형용사'가 아니라 'な형용사'입니다. 주의하세요.

표현·문형 체크

(2) い・な形容詞の接続(て形)

い형용사	おもしろい → おもしろくて 高い → 高くて いい → よくて
な형용사	親切な → 親切で 便利な → 便利で

例 ① あの店は安くて、おいしいです。
　　② 山田さんはいつも元気で、おもしろいです。

단, 두 개의 형용사의 이미지가 대립하는 경우에는 쓰지 않습니다.

例 私の部屋は狭くて、きれいです。(×)

　　私の部屋は狭いですが、きれいです。(○)

(3) 程度の副詞

すごく / とても / あまり / ちょっと

例 ① ここのスーパーは、すごく安いですよ。
　　② 先学期の成績は、あまりよくなかった。

표현·문형 체크

2 町や人についてたずねるとき 동네나 사람에 대해 물어볼 때

(1) どんな～か 어떤 ~입니까?

예 ① A : どんなところに住んでいますか。
　　B : 便利で、静かなところに住んでいます。

② A : 先生は、どんな人ですか。
　　B : とても厳しいですが、おもしろい人です。

(2) ～はどうですか ~는 어떻습니까?

예 ① A : 韓国の生活はどうですか。
　　B : とても楽しいです。

② A : 日本の食べ物はどうですか。
　　B : 少し高いですが、とてもおいしいです。

3 「そうですか」のイントネーション '그렇습니까'의 억양

예 ① そうですか。↘　　상대방의 이야기에 맞장구를 칠 때

② そうですか。↗　　놀라움이나 의외의 감정을 표시할 때

③ そうですか……。→　　유감일 때

④ そうですか。∿↗　　의심할 때

ドリル 드릴

● 다음 빈칸에 알맞은 말을 넣어 보세요. 1 ②, 2 ②, ④에는 2개 이상의 い・な형용사를 써 보세요.

1 아는 사람에 대해 말한다.

A : チェさんの彼(彼女)は①_____人ですか。

B : そうですね。②_____人です。

A : 背は高いですか。

B : あまり③_____です。

2 대학 생활에 대해 말한다.

A : 大学生活は①_____。

B : 授業が②_____です。

A : そうですか。サークルは楽しいですか。

B : はい！でも練習はちょっと③_____。

A : へえ、そうですか。

B : でも、楽しいですよ！④_____先輩がいますよ。

어휘

彼 남자 친구 | 彼女 여자 친구

ロールプレイ

ミッション1

A：B에게 B가 살고 있는 동네나 교통편에 대해 질문해 보세요.
B：A에게 살고 있는 동네나 교통편에 대해 자세히 설명해 주세요.

| 살고 있는 곳을 묻는다 | A：Bさんはどこに住んでいますか。 |

 B：〜に住んでいます。

↓

| 어떤 동네인지 묻는다 | A：〜はどんな町ですか。 |

 B：公園がたくさんあって、空気がきれいな町です。

↓

| 교통편에 대해 묻는다 | A：交通の便はどうですか。 |

 B：バスもたくさんありますし、近くに2号線と5号線の地下鉄の駅があります。

| 의견을 말한다 | A：それは便利ですね。 |

롤플레이

ミッション2

먼저 가상의 가족을 설정해 주세요.(가족의 명수, 직업, 성격 등)
A : B에게 B의 가족이나 형제에 대해 질문해 보세요.
B : A에게 가족이나 형제에 대해 이야기해 주세요.

가족·형제에 대해 질문한다

A : Bさん、ご家族は何人ですか。
　　　　　かぞく　なんにん

B : 父、母、姉、私の４人家族です。
　　ちち はは あね わたし よにんかぞく

가족·형제의 직업을 묻는다

A : お姉さんは学生ですか。
　　　ねえ　　　がくせい

B : いいえ、有名なファッションモデルです。
　　　　　　ゆうめい

가족·형제의 성격을 묻는다

A : へえ、どんな人ですか。
　　　　　　　　ひと

B : ちょっとわがままで、短気です。
　　　　　　　　　　　　たんき

A : そうですか……。お母さんはどんな性格
　　　　　　　　　　　かあ　　　　　　　せいかく
　　ですか。

B : 母は姉と違って、短気じゃありません。
　　はは あね ちが　　 たんき
　　とてもやさしいです。

Hint

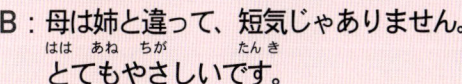

素直な 순진한 ｜ 短気な 성급한 ｜ 強い 강하다/강한 ｜ すてきな 멋진 ｜ けちな 인색한 ｜ おしゃ
すなお　　　　たんき　　　　　　つよ
べりな 수다스러운 ｜ わがままな 버릇없는 ｜ 冷たい 차갑다/차가운 ｜ いじわるな 심술궂은
　　　　　　　　　　　　　　　　　　　つめ

오노마토페

　시바견(柴犬)은 푸들, 치와와 다음으로 일본에서 인기 있는 애완견입니다(일본 애완동물 보험회사 조사 결과). 그런데 개가 짖는 소리를 일본어로는 어떻게 표현하는지 아십니까? 대표적인 소리는 「ワンワン」이지만, 크게 짖을 땐 「キャンキャン」, 코를 킁킁댈 땐 「クーン」, 으르렁댈 땐 「ウーッ」이라고 표현합니다. 이처럼 사물이나 사람의 소리를 흉내 내는 단어를 의성어, 사물이나 사람의 모습을 흉내 내는 단어를 의태어라 하며, 이 둘을 합쳐 '오노마토페(オノマトペ, onomatopoeia)'라고 합니다. 일본어에는 오노마토페의 종류가 아주 많습니다. 섬세한 움직임이나 감정 전달이 잘 되어 특히 일본 만화에 많이 사용되고 있지요. 여러분도 마음에 드는 오노마토페를 찾아보는 건 어떨까요?

UNIT 03

駅までどう行ったらいいですか。
えき　　　　　　　　い

역까지 어떻게 가면 좋은가요?

~ 行き方の説明　가는 방법의 설명 ~
　　い　かた　せつめい

考えてみよう
　　かんが

1	家から学校まで近いですか。 いえ　　がっこう　　ちか
2	バスや地下鉄によく乗りますか。 　　　ちかてつ　　　　の
3	目的地への行き方がわかりません。どうしますか。 もくてき ち　　い かた

会話1

하루카가 태우에게 역으로 가는 방법을 물어보고 있다.

はるか	あの、テウ先輩。ちょっといいですか。
テウ	はい。何ですか。
はるか	大学から地下鉄の駅まで、どう行ったらいいですか。
テウ	歩いて行きますか、学校のシャトルバスで行きますか。
はるか	どちらが早いですか。
テウ	歩いたら２０分、シャトルバスなら１０分ぐらいで、１５分に１本ありますよ。
はるか	そうですか。じゃ、急いでるのでシャトルバスにします。
テウ	それなら、スマートフォンで時間を調べてみますよ。
はるか	すみません。お願いします！

회화 1

어휘

先輩(せんぱい) 선배 | ちょっといいですか 잠깐 괜찮아요? | 駅(えき) 역 | どう 어떻게 | 歩く(ある) 걷다 | シャトルバス 셔틀버스 | ~たら ~면 | ~なら ~(라)면 | ~ぐらい ~정도 | ~に1本(いっぽん) ~에 한 대 | 急ぐ(いそ) 서두르다 | ~ので ~기 때문에 | それなら 그렇다면 | スマートフォン 스마트폰 | 調べる(しら) 조사하다, 찾다 | ~てみる ~해보다

会話2

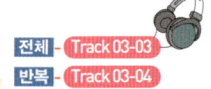

자원봉사 가이드를 하고 있는 유라가 일본인 관광객에게 말을 건다.

ユラ	あの、何かお困りですか。
観光客	仁寺洞へ行きたいんですが……。
ユラ	仁寺洞なら、安国駅が近いですよ。(지도를 보여주며)今明洞駅ですから、安国駅まで地下鉄で１５分ぐらいです。
観光客	そうですか。何号線ですか。
ユラ	ここから４号線で忠武路駅まで行きます。そこで３号線に乗り換えて、三つ目が安国駅です。
観光客	忠武路駅で乗り換えて、三つ目ですね。
ユラ	はい。安国駅の６番出口から出てください。
観光客	ああ、助かりました。どうもありがとうございました。

회화 2

어휘

お困りですか 어려운 일이 있으세요? | 仁寺洞 인사동 | 安国駅 안국역 | 明洞駅 명동역 | ~から
~(이)니까 | 地下鉄 지하철 | ~号線 ~호선 | 忠武路駅 충무로역 | 乗り換える 갈아타다 | 三つ目
세 번째 | ~番出口 ~번 출구 | 出る 나가다 | 助かる 도움이 되다 | どうも 정말로

UNIT 03 駅までどう行ったらいいですか。 41

表現・文型チェック

1 行き方をたずねるとき 가는 방법을 물어볼 때

どう行ったらいいですか / 〜へ行きたいんですが

〈공공교통기관〉〜で行ったらいいですか / 〜に乗ったらいいですか

〈장소〉から〈장소〉までどう行ったらいいですか

예　① ここから駅までどう行ったらいいですか。
　　② バスで行ったらいいですか。
　　③ 何号線に乗ったらいいですか。

2 行き方を説明するとき 가는 방법을 설명할 때

〈공공교통기관〉に乗って・乗り換えて、三つ目です / 〜番出口から出てください

예　① 安国駅で3号線に乗り換えて、一つ目です。
　　② ソウル駅の5番出口から出てください。

표현・문형 체크

3 かかる時間をたずねたり説明するとき 소요시간을 물어보거나 설명할 때

〜から〜までどのぐらいかかりますか / 何時間かかりますか

〜時間かかります / どちらが早いですか / 歩いたら〜分です

バスなら〜分です / 〜分・時間に１本(빈도)

예 ① ソウルから大田までどのぐらいかかりますか。
② バスなら3時間で、KTXなら１時間ぐらいです。
③ リムジンバスは20分に１本あります。

ちょっと確認!

숫자에는 和数字(일본식 숫자: 一つ、二つ、三つ…)와 漢数字(한자식 숫자: 一、二、三…)가 있습니다. 和数字는 예를 들어 「一つ」만으로 「一つのもの(한 개의 것)」을 대신해서 쓰일 수 있지만, 漢数字는 조수사 없이 그 자체만으로는 쓰일 수 없습니다.

예 みかんを一こ食べました。(○)
みかんを一つ食べました。(○)
みかんを一食べました。(×)

4 時間 시간
じかん

1時 いちじ	2時 にじ	3時 さんじ	4時 よじ	5時 ごじ
6時 ろくじ	7時 しちじ	8時 はちじ	9時 くじ	10時 じゅうじ
11時 じゅういちじ	12時 じゅうにじ	何時 なんじ		

5 分 분
ふん

1分 いっぷん	2分 にふん	3分 さんぷん	4分 よんぷん	5分 ごふん
6分 ろっぷん	7分 ななふん	8分 はっぷん	9分 きゅうふん	10分 じゅっぷん
11分 じゅういっぷん	12分 じゅうにふん	13分 じゅうさんぷん	14分 じゅうよんぷん	15分 じゅうごふん
16分 じゅうろっぷん	17分 じゅうななふん	18分 じゅうはっぷん	19分 じゅうきゅうふん	20分 にじゅっぷん
30分(半) さんじゅっぷん(はん)	40分 よんじゅっぷん	50分 ごじゅっぷん	60分 ろくじゅっぷん	何分 なんぷん

표현·문형 체크

6 本 병, 자루
ほん

1本 いっぽん	2本 にほん	3本 さんぼん	4本 よんほん	5本 ごほん
6本 ろっぽん	7本 ななほん	8本 はっぽん	9本 きゅうほん	10本 じゅっぽん
11本 じゅういっぽん	12本 じゅうにほん	何本 なんぼん		

7 和数字 일본 고유의 숫자
わ す う じ

一つ ひとつ	二つ ふたつ	三つ みっつ	四つ よっつ	五つ いつつ
六つ むっつ	七つ ななつ	八つ やっつ	九つ ここのつ	十 とお
十一 じゅういち	十二 じゅうに	いくつ		

ドリル

드릴

● 다음 빈칸에 알맞은 말을 넣어 보세요.

1 ABC백화점까지 가는 방법에 대해 말한다.

　　A：あの、ＡＢＣデパートまで①＿＿＿＿＿＿＿＿＿＿＿＿＿＿＿。

　　B：ＡＢＣデパートなら、ここからシャトルバスがありますよ。

　　A：バスはすぐ来(き)ますか。

　　B：２０分(にじゅっぷん)に②＿＿＿＿＿＿あります。

　　A：ここからＡＢＣデパートまで歩(ある)いたら③＿＿＿＿＿＿＿＿＿＿＿＿＿。

　　B：ええと、１０分(じゅっぷん)から１５分(じゅうごふん)ぐらいです。

　　A：そうですか。どうもありがとうございます。

2 서울역까지 가는 방법에 대해 말한다.

　　A：すみません、ソウル駅(えき)には①＿＿＿＿＿＿＿＿＿＿＿＿＿＿＿。

　　B：ソウル駅(えき)ですか。ここから龍山駅(ヨンサンえき)まで行(い)って、１号線(いちごうせん)に

　　　　②＿＿＿＿＿＿＿＿＿＿、二(ふた)③＿＿＿＿＿＿がソウル駅(えき)です。

　　A：わかりました。ありがとうございます。

ロールプレイ

롤플레이

ミッション 1

A : B에게 학교나 회사에서 집까지 가는 방법을 물어보세요.
B : A에게 학교나 회사에서 집까지 가는 방법을 설명해 주세요.

살고 있는 곳을 물어본다

A : Bさんは、どこに住んでいますか。

B : 〜に住んでいます。

A : ここから〜までどうやって行きますか。

가는 방법을 설명한다

B : 地下鉄とバスに乗って行きます。

A : 何号線に乗りますか。

B : 〜号線で〜駅まで行って、そこで〜号線に乗り換えます。〜駅で降りて、次はバスに乗ります。

소요시간을 묻는다

A : 時間はどのぐらいかかりますか。

B : 〜時間〜分ぐらいです。

의견을 말한다

A : ちょっと遠いですね。

ミッション2

A：당신이 살고 있는 곳의 가장 큰 역(예. 서울역, 부산역)에서 길을 잃은 일본인 B를 만났습니다. 목적지까지 가는 방법을 B에게 안내해 보세요.

B：당신은 한국을 관광하는 일본인입니다. 목적지까지 가는 방법을 몰라서 헤매고 있습니다. A에게 가는 방법을 물어보세요. 목적지는 우측 페이지(49쪽)의 그림을 참고해서 각 지역에서 유명한 곳 등 자유롭게 설정해 보세요..

| 말을 건다 | A：あの、何か<ruby>お困<rt>こま</rt></ruby>りですか。 |

 B：はい。<ruby>国立中央博物館<rt>こくりつちゅうおうはくぶつかん</rt></ruby>に<ruby>行<rt>い</rt></ruby>きたいんですが……。

| 가는 방법을 설명한다 | A：<ruby>国立中央博物館<rt>こくりつちゅうおうはくぶつかん</rt></ruby>なら、<ruby>二村駅<rt>イチョンえき</rt></ruby>が<ruby>近<rt>ちか</rt></ruby>いですよ。 |

B：<ruby>何号線<rt>なんごうせん</rt></ruby>に<ruby>乗<rt>の</rt></ruby>ったらいいですか。

A：<ruby>今<rt>いま</rt></ruby>、<ruby>梨泰院駅<rt>イテウォンえき</rt></ruby>ですから、<ruby>6号線<rt>ろくごうせん</rt></ruby>で<ruby>三角地駅<rt>サムガクチえき</rt></ruby>まで<ruby>行<rt>い</rt></ruby>って、<ruby>4号線<rt>よんごうせん</rt></ruby>に<ruby>乗<rt>の</rt></ruby>り<ruby>換<rt>か</rt></ruby>えます。<ruby>三角地駅<rt>サムガクチえき</rt></ruby>から<ruby>二<rt>ふた</rt></ruby>つ<ruby>目<rt>め</rt></ruby>が<ruby>二村駅<rt>イチョンえき</rt></ruby>ですよ。

| 재확인한다 | B：<ruby>三角地駅<rt>サムガクチえき</rt></ruby>で<ruby>4号線<rt>よんごうせん</rt></ruby>に<ruby>乗<rt>の</rt></ruby>り<ruby>換<rt>か</rt></ruby>えて<ruby>二<rt>ふた</rt></ruby>つ<ruby>目<rt>め</rt></ruby>ですね。<ruby>二村駅<rt>イチョンえき</rt></ruby>までどのぐらいかかりますか。 |

A：<ruby>20分<rt>にじゅっぷん</rt></ruby>ぐらいですよ。<ruby>駅<rt>えき</rt></ruby>に<ruby>着<rt>つ</rt></ruby>いたら、<ruby>2番出口<rt>にばんでぐち</rt></ruby>から<ruby>出<rt>で</rt></ruby>てください。

| 감사 인사를 한다 | B：<ruby>助<rt>たす</rt></ruby>かりました。ありがとうございました。 |

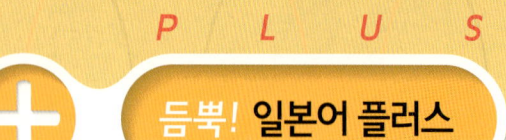

사물의 숫자를 세는 방법

사람은 '한 명, 두 명', 자동차는 '한 대, 두 대'라고 세듯이 일본어에도 다양한 조수사(助数詞_{じょすうし})가 있습니다. 다음 단어들은 어떻게 셀까요?

> 예 잡지, 우동, 뱀, 넥타이, 사진

얇은 것은 枚_{まい}, 가늘고 긴 것은 本_{ほん}, 책이나 공책은 冊_{さつ}, 그릇에 담긴 것은 杯_{はい}, 동물은 匹_{ひき}라고 세는 것이 기본 규칙입니다. 하지만 같은 카테고리에 있더라도 경우에 따라서 조수사가 달라지기도 합니다. 예를 들면, 고양이는 동물이므로 一匹_{いっぴき}, 뱀은 가늘고 길어도 一匹_{いっぴき}이지만, 코끼리는 큰 동물이라서 一匹가 아니고 一頭_{いっとう}라고 셉니다. 또한, 귤 같은 과일은 보통 一個_{いっこ}라고 세지만, 수박이나 멜론처럼 크기가 큰 과일은 一玉_{ひとたま}라고 셉니다. 여러분도 주위에 있는 것을 일본어로 어떻게 세는지 꼭 한 번 알아보세요.

UNIT 04

日曜日は休むつもりです。
にちようび　　やす
일요일은 쉴 거예요.
～ 予定 예정 ～
　　よてい

考えてみよう
かんが

1. 週末はたいてい何をしますか。
   しゅうまつ　　　　なに

2. アルバイトをしていますか。

3. どんな授業を取っていますか。
   じゅぎょう　と

 # 会話 1

태우와 하루카가 주말을 보낼 방법에 대해 이야기한다.

テウ	はるかさん、今度の連休は何をするつもりですか。
はるか	10月20日から留学生のプログラムで水原の華城に行く予定です。
テウ	いいですね。たくさん写真を撮って、見せてください。
はるか	はい！楽しみです！先輩の予定は？
テウ	19日は10時から12時まで家庭教師のアルバイトをして、午後は図書館で課題をするつもりです。
はるか	そうですか。大変ですね。
テウ	でも、次の日は寮の部屋で休むつもりですから大丈夫ですよ。
はるか	ところで、テウ先輩。そろそろ「はるかさん」はやめてください。タメ口でいいですよ。
テウ	そう？じゃ、これから「はるかちゃん」って呼ぶね。

회화 1

> 어휘

今度 이번 | 連休 연휴 | プログラム 프로그램 | 水原 수원 | 華城 화성 | 予定 예정 | 撮る 찍다
見せる 보이다, 보여주다 | 家庭教師 과외교사 | アルバイト 아르바이트 | 課題 과제 | 次の日 다음 날 | 部屋 방 | 休む 쉬다 | ところで 그런데 | そろそろ 슬슬 | やめる 그만두다 | タメ口 반말 | そう？그래？ | これから 앞으로 | ～って(呼ぶ) ~라고 (부르다)

UNIT 04 日曜日は休むつもりです。

会話2

하루카와 유토와 태우가 수업 일정에 대해 이야기한다.

はるか	テウ先輩！あれ、三上君も先輩と知り合い？
ゆうと	そうだよ。経済学の授業を一緒に取っていて。
テウ	ぼくは、日本語と経済学を複数専攻してるからね。
はるか	そうなんですか。ちょうど二人に話があって。 水曜日の６限目は時間ありますか。
テウ	３時から？空いてるよ。ゆうとは？
ゆうと	ぼくも、水曜日は１時１５分までなので大丈夫です。
はるか	その時間に、一緒に中間試験の勉強をしませんか。
テウ	いいよ。ぼくは４時半から教養の授業があるけど。
ゆうと	じゃ、チューターのユラさんも誘ってみます。

회화 2

> **어휘**
>
> あれ (놀라거나 의외임을 나타낼 때) 어 | 知り合い 아는 사이, 지인 | (授業を)取る (수업을) 듣다 |
> 複数専攻 복수전공 | してる 하고 있다(=している) | ちょうど 마침 | ~限目 ~교시 | 空く 비다 |
> 中間試験 중간고사 | 教養 교양 | ~けど ~는데 | 誘う 권유하다, 부르다

表現・文型チェック

① 予定について話すとき 예정에 대해 말할 때

動詞辞書形 + つもりです ~할 생각입니다
         予定   ~할 예정입니다

예 ① 頭が痛いですから、今日は早く寝るつもりです。
   ② 明日の朝、A社とミーティングをする予定です。

ここに注目!

「つもりです」VS「予定です」

「つもりです」…자기가 하고자 결정한 일
「予定です」…이미 계획된 일, 미래에 해야만 하는 일

예 ① 今晩、先生にメールを送る(○ つもり / △ 予定)です。
   ② 明日の午後、アルバイトの面接がある(× つもり / ○ 予定)です。

② 予定を聞くとき 예정을 물어볼 때

何をするつもり / 何をする予定 / (週末、夏休み・冬休み、今週)の予定は？
何か予定がありますか / ～は空いていますか

예 ① 今年の夏休みの予定は？
   ② 今週、何か予定がありますか。

표현·문형 체크

3 時間や期間を表す 시간이나 기간의 표현

〜から〜まで ~부터~까지

예
① 来週は、金曜日から月曜日まで休みです。
② 明日は、9時から4時15分まで授業があります。
③ アルバイトは、夜8時までです。

4 曜日 요일

月曜日 げつようび	火曜日 かようび	水曜日 すいようび	木曜日 もくようび
金曜日 きんようび	土曜日 どようび	日曜日 にちようび	何曜日 なんようび

5 月 월

1月 いちがつ	2月 にがつ	3月 さんがつ	4月 しがつ
5月 ごがつ	6月 ろくがつ	7月 しちがつ	8月 はちがつ
9月 くがつ	10月 じゅうがつ	11月 じゅういちがつ	12月 じゅうにがつ
何月 なんがつ			

6 日 일
にち

1日 ついたち	2日 ふつか	3日 みっか	4日 よっか	5日 いつか
6日 むいか	7日 なのか	8日 ようか	9日 ここのか	10日 とおか
11日 じゅういち にち	12日 じゅうに にち	13日 じゅうさん にち	14日 じゅうよっか	15日 じゅうご にち
16日 じゅうろく にち	17日 じゅうしち にち	18日 じゅうはち にち	19日 じゅうく にち	20日 はつか
21日 にじゅういち にち	22日 にじゅうに にち	23日 にじゅうさん にち	24日 にじゅうよっか	25日 にじゅうご にち
26日 にじゅうろく にち	27日 にじゅうしち にち	28日 にじゅうはち にち	29日 にじゅうく にち	30日 さんじゅう にち
何日 なんにち				

표현·문형 체크

7 日・週・月 날·주·달
<small>ひ しゅう つき</small>

おととい	昨日 きのう	今日 きょう	明日 あした	あさって
先々週 せんせんしゅう	先週 せんしゅう	今週 こんしゅう	来週 らいしゅう	再来週 さらいしゅう
二か月前 にかげつまえ	先月 せんげつ	今月 こんげつ	来月 らいげつ	再来月 さらいげつ

 # ドリル   드릴

● 오늘은 9월 17일입니다. B는 다음 일정표를 보면서 말합니다. 다음 빈칸에 알맞은 말을 넣어 보세요.

	月	火	水	木	金	土	日
9月	17	18	19 PM4:00 山田さんと	20	21	22 AM10:00~ PM 7:00 アルバイト	23
	24 日本から 友達が来る	25	26	27	28	29	30

A：佐藤さん、一緒に映画を見に行きませんか。

B：いいですね。

A：今週の土曜日は①＿＿＿＿＿＿＿＿＿＿＿＿＿＿。

B：すみません。その日は、②＿＿＿＿＿＿までアルバイトなので……。

A：そうですか。私は日曜日は都合が悪いので、来週の平日は？

B：③＿＿＿＿＿＿＿＿＿から④＿＿＿＿＿＿＿＿＿まで、日本から友達が来る

　　⑤＿＿＿＿＿＿＿＿＿＿です。あまり時間がないですね……。

A：忙しいですね。じゃ、来週の週末は⑥＿＿＿＿＿＿＿＿＿＿＿＿。

ロールプレイ

롤플레이

ミッション1

A : 당신은 식당의 주인입니다. 교대 근무시간을 정하기 위해 B에게 다음 달의 예정이 어떻게 되는지 물어보세요.

B : 당신은 식당에서 아르바이트하고 있습니다. A에게 다음 달의 일정을 알려주세요.

말을 건다

A : じゃ、来月のシフトを決めましょう。今月は平日5時から9時まででしたが、来月も平日の夕方は空いていますか。

↓

B : あのう、来月は中間試験があって……。平日は月曜日と水曜日と金曜日は難しいです。

예정이 어떤지 묻는다

A : わかりました。火曜日と木曜日は午後5時から9時まで大丈夫ですか。

↓

B : はい！それと土曜日と日曜日は午前10時から3時まで空いています。

교대 근무시간의 확인을 요구한다

A : そうですか。では、来月のシフトは来週出る予定ですから、確認してくださいね。

B : はい、わかりました。

Hint

シフト 교대 근무시간 | 平日 평일 | 夕方 저녁 | 出る 나오다 | 確認する 확인하다

ミッション2　A：B에게 주말의 예정을 물어보세요.
　　　　　　B：A에게 주말의 예정을 말해 주세요.

| 말을 건다 | A：今週末、何か予定がありますか。 |

B：土曜日は、友達に会うつもりです。

A：へえ、どこで何をする予定ですか。

B：仁寺洞の新しいカフェに行くつもりです。

| 주말의 예정을 묻는다 | A：いいですね。日曜日は？ |

B：日曜日はサークルの練習が夜まであります。

A：何のサークルですか？

B：大学のテニスサークルです。

| 의견을 말한다 | A：わあ、週末も予定がいっぱいですね。 |

롤플레이

ミッション3

「思い出の誕生日(기억에 남은 생일)」
おも　で　たんじょうび

① 생일을 묻는다. (반 친구 5~10명에게 질문)
② 올해, 혹은 작년 생일에 무엇을 했는지 묻는다.
③ 곧 생일인 사람에게는 생일에 무엇을 할 예정인지 묻는다.
④ 듣고 메모한다.

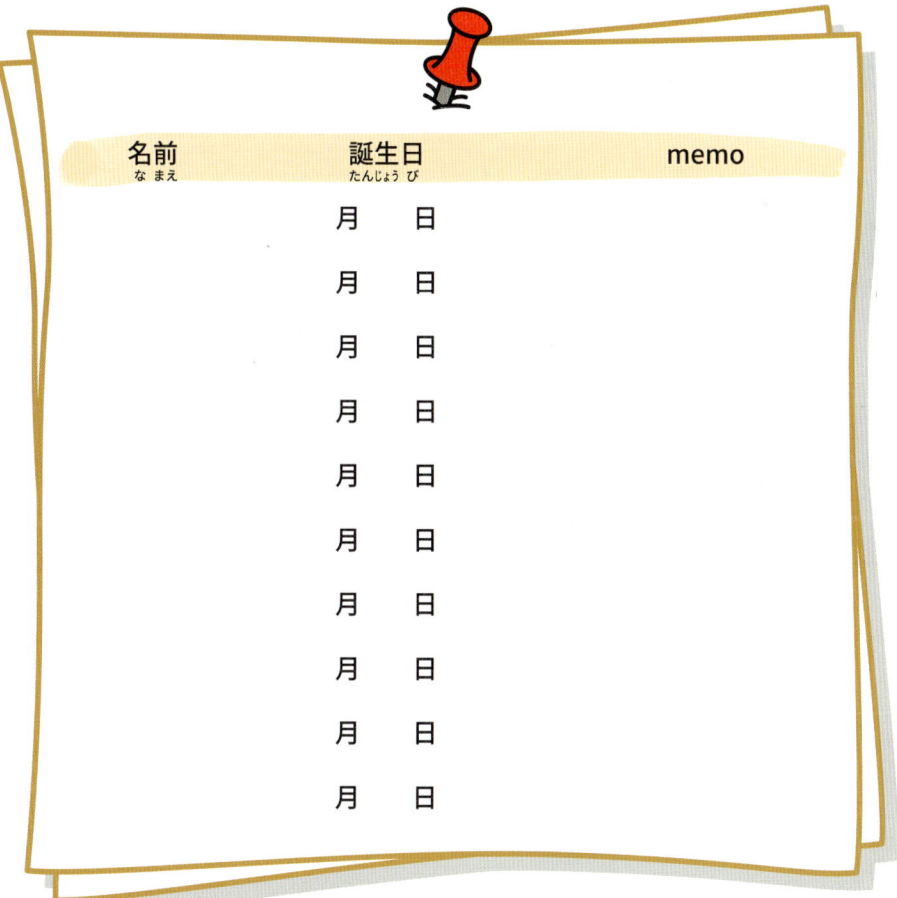

名前 (なまえ)	誕生日 (たんじょうび)	memo
	月　日	
	月　日	
	月　日	
	月　日	
	月　日	
	月　日	
	月　日	
	月　日	
	月　日	
	月　日	

PLUS

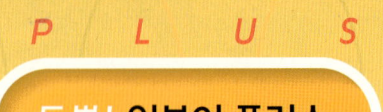 듬뿍! 일본어 플러스

대학생활에서 자주 쓰는 줄임말

「コンビニエンスストア」를 「コンビニ」로 줄여 쓰듯이, 일본어에는 자주 쓰는 긴 단어를 짧게 표현하는 줄임말이 있습니다. 그 예를 봅시다.

> 예 パソコン　ケータイ　カテキョー　ワーホリ
> ●●●●　●●●●　●●●●●　●●●●
>
> *パソコン 컴퓨터(=パーソナルコンピューター)　　*ケータイ 핸드폰(=携帯電話(けいたいでんわ))
> *カテキョー 가정교사(=家庭教師(かていきょうし))　*ワーホリ 워킹홀리데이(=ワーキングホリデー)

위에서 보듯이, 줄임말은 4개의 음(4拍)으로 된 것이 가장 많다고 합니다. 줄임말 만드는 법을 보면, 「学生割引(がくせいわりびき)」를 「学割(がくわり)」로 줄이듯이, 두 개의 단어에서 2박(拍)씩 가져와 4박(拍)으로 만드는 방법이 대부분입니다. 그 외에, 「(アル)バイト」처럼 단어의 앞부분을 생략하는 방법과 「プレゼン(テーション)」처럼 뒷부분을 생략하는 방법도 있습니다. 그럼 다음 단어들은 어떻게 줄일까요?

> 예 ファミリーレストラン　就職活動(しゅうしょくかつどう)　コンタクトレンズ
>   学生食堂(がくせいしょくどう)　アプリケーション
>
> *ファミリーレストラン 패밀리 레스토랑　*就職活動 취직 활동　*コンタクトレンズ 콘택트렌즈
> *学生食堂 학생 식당　　　　　　　　*アプリケーション 어플리케이션

일상생활 속에 정착한 줄임말도 있지만, 사용하는 장소나 상대방 혹은 상황에 따라서 좋지 않은 인상을 주는 경우도 있으니 주의가 필요합니다.

UNIT 05

踊(おど)るのが好(す)きです。
춤추는 것을 좋아합니다.

~ 好(す)きなこと・友達言葉(ともだちことば)① - 現在形(げんざいけい) -
좋아하는 것・반말 표현① – 현재형 – ~

考(かんが)えてみよう

1. 趣味(しゅみ)は何(なん)ですか。
2. 何(なに)が得意(とくい)・苦手(にがて)ですか。
3. 学校(がっこう)の先輩(せんぱい)や後輩(こうはい)とどんな言葉(ことば)で話(はな)しますか。

会話1

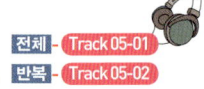

하루카와 태우가 좋아하는 것과 잘하는 것에 대해 이야기한다.

はるか	先輩、金曜日にダンスサークルの練習ありますか。
テウ	あるよ。ダンスに興味ある？
はるか	はい！踊るのが大好きです。
テウ	じゃ、今度の金曜日に見に来る？
はるか	ぜひ。ところで、先輩お昼ごはん食べましたか。
テウ	うん、昨日作ったキムチチゲ食べたよ。
はるか	へえ。先輩、料理するの好きですか。
テウ	得意じゃないけどね。はるかちゃんは？
はるか	私は食べるのは得意ですけど、作るのはちょっと……。
テウ	そっか。じゃ、はるかちゃんは食べるのが専門だ！

회화 1

어휘

練習 연습 | 興味(が)ある 흥미(가) 있다 | 踊る 춤추다 | ぜひ 꼭 | ところで 그런데 | うん 응
作る 만들다 | 得意な 잘하다/잘하는, 자신 있다/자신 있는 | そっか 그렇구나 | 専門 전문

会話 2

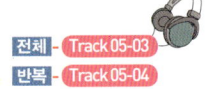

유라가 유토에게 반말로 이야기하자고 제안한다.

ユラ	ちょっといいですか。あの、気になることがあって。
ゆうと	何ですか。
ユラ	私たち、同い年だからタメ口で話しませんか。
ゆうと	あ、実はぼくもそう思ってたんだ。
ユラ	そっか。でも、ちょっと照れるね。
ゆうと	大丈夫。すぐ慣れるよ。あ、そういえば、はるかとタメ口？
ユラ	ううん、まだだけど。もうタメ口でもいいかな？
ゆうと	うん。二人は仲いいんだからタメ口でもいいんじゃない？
ユラ	そうだよね。今度聞いてみるね。

회화 2

> **어휘**
>
> 気になる 신경이 쓰이다 | 私たち 우리 | 同い年 같은 나이, 동갑 | 実は 사실은 | 思う 생각하다 | 照れる 부끄럽다, 쑥스럽다 | すぐ 곧 | 慣れる 익숙해지다 | そういえば 그러고 보니 | ううん 아니야 | もう 벌써 | 仲(が)いい 사이(가) 좋다/좋은 | そうだよね 그렇지?

表現・文型チェック

1 好きなことや得意なことについて話すとき 좋아하는 것이나 잘하는 것에 대해 말할 때

動詞辞書形 ＋ のが	好き/嫌い	です
	上手/下手	
	得意/苦手	

~하는 것을 좋아합니다 / 싫어합니다
~하는 것을 잘합니다 / 잘못합니다
~하는 것에 자신이 있습니다 / 자신이 없습니다

예 ① 私は、泳ぐのが大好きです。
② 私は食べるのは好きですが、作るのは苦手です。

※ 회화체에서는 일반적으로 「こと」보다 「の」를 씁니다.

日本語を話すのが好きです。(○)

日本語を話すことが好きです。(△)

ちょっと確認!

① 私は歌が上手です VS ② 私は歌が得意です

①은 문법적으로는 틀리지 않지만, 약간 거만한 인상을 줍니다. 자기 자신에 관한 이야기를 할 때에는 ②처럼 「得意です」를 쓰는 게 좋습니다.

2 友達言葉① - 現在形 - 반말 표현 ① - 현재형 -

친구나 친한 사람과 이야기할 때에는 정중체인「です・ます」형 대신 보통체를 씁니다. 반말 표현의 주요 특징은 다음과 같습니다.

(1) 조사「を」,「が」,「は」는 생략된다.

예 コーヒー(を)飲む？

泳ぐの(が)好き？

(2)「い」를 뺀다.

예 ～ている ⇒ ～てる　　～ていく ⇒ ～てく

(3) 의문문에「か」를 붙이지 않는다. 대신 문장 끝의 억양을 올려 말한다.

예 おいしいですか。⇒ おいしい？ ↗

おいしい？ ↗ ⇒ おいしいか。(×)

(4) 발음이 변화한다.

예 そうか ⇒ そっか　　あまり ⇒ あんまり

〈普通形(現在形)〉

	です・ます	긍정	부정
동사	行きます	行く	行かない
	食べます	食べる	食べない
	来ます	来る	来ない
い형용사	おもしろいです	おもしろい	おもしろくない
な형용사	好きです	好きだ	好きじゃない
명사	学生です	学生だ	学生じゃない

표현·문형 체크

	<丁寧な言葉 です・ます>	<友達言葉>
①	A：今日、宿題がありますか。 B：はい、あります。	A：今日、宿題ある？ B：うん、ある。
②	A：自転車を持っていますか。 B：いいえ、持っていません。	A：自転車持ってる？ B：ううん、持ってない。
③	A：英語の授業は難しいですか。 B：はい、難しいです。	A：英語の授業難しい？ B：うん、難しい。
④	A：明日は忙しいですか。 B：いいえ、忙しくありません。	A：明日、忙しい？ B：ううん、忙しくない。
⑤	A：料理が上手ですか。 B：いいえ、上手じゃありません。	A：料理、上手？ B：ううん、上手じゃない。
⑥	A：ちょっとペンを貸してください。 B：いいですよ。	A：ちょっとペン貸して。 B：いいよ。
⑦	A：テストはいつですか。 B：あさってです。	A：テストいつ？ B：あさって。
⑧	A：あの人は大学生ですか。 B：はい、大学生ですよ。	A：あの人大学生？ B：うん、大学生だよ。

※「ううん」のイントネーション　ううん。

ドリル

드릴

● 다음 빈칸에 알맞은 말을 넣어 보세요.

1. 영어 공부에 대해 말한다.

   A : 英語がすごく上手だと聞きましたよ。

   B : いえいえ。外国の映画を ①＿＿＿＿＿＿＿好きで、英語を勉強していますが。

   A : そうですか。私は英語がぜんぜんだめですね。特に ②＿＿＿＿＿＿苦手です。

   B : 私もそうですよ。

2. 친한 친구에게 오늘 일정에 대해 말한다.

   A : ねえ、今日忙しい？

   B : ううん、①＿＿＿＿＿＿＿＿＿＿。

   A : じゃ、サークルの発表会の準備する時間 ②＿＿＿＿＿？

   B : うん。準備、大変だよね？

   A : ううん、みんなでやるから ③＿＿＿＿＿＿＿＿＿。

ロールプレイ

ミッション 1 A : B에게 잘하는 것, 잘하지 못하는 것에 대해 질문해 주세요.
　　　　　　　B : A에게 잘하는 것, 잘하지 못하는 것에 대해 대답해 주세요.

| 잘하는 것을 묻는다 | A : 歌は得意ですか。 |

B : はい。ラップが好きで、テンポが早い歌を歌うのが得意です。

| 자세히 묻는다 | A : カラオケにはよく行きますか。 |

B : そうですね。特に、土曜日や日曜日によく行きます。

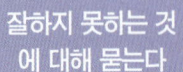

| 잘하지 못하는 것에 대해 묻는다 | A : そうですか。じゃ、何か苦手なことはありますか |

B : 歌うのは得意ですが、踊りを踊るのは苦手です。

| 의견을 말한다 | A : そうですか。意外ですね。 |

Hint　スポーツ｜料理｜ゲーム｜楽器｜科目

어휘

ラップ 랩 ｜ テンポ 템포 ｜ 意外 의외

롤플레이

ミッション2　A : 새로운 친구 B에게 취미(좋아하는 것)에 대해 질문해 보세요
　　　　　　B : 새로운 친구 A에게 취미(좋아하는 것)에 대해 자세히 이야기해 주세요

| 취미에 대해 묻는다 | A : Bさんの趣味は？ |

| | B : 私は、本を読むのが好きだよ。 |

| 자세히 묻는다 | A : どんな本を読むの？ |

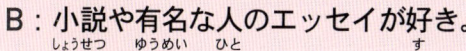

| | B : 小説や有名な人のエッセイが好き。 |

| | A : へえ。本屋さんと図書館と、どちらによく行く？ |

| | B : 私は本を買って読むのが好きだから、本屋さんによく行くよ。 |

| 의견을 말한다 | A : そっか。今度おすすめの本を教えて。 |

어휘

おすすめ 추천 ｜ 小説 소설 ｜ エッセイ 수필

UNIT 05　踊るのが好きです。

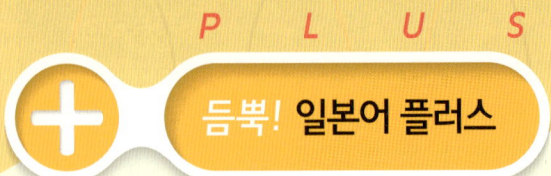

상황에 맞는 스피치 스타일

　일본어 화법에는 존댓말이나「です・ます」형을 사용하는 격식체와 보통체를 사용하는 비격식체가 있습니다. 일반적으로 손윗사람이나 처음 만난 사람과의 대화 혹은 회의 같은 공적인 자리에서는 격식체, 친한 친구나 가족과 대화할 때는 비격식체를 사용합니다. 격식체는 상대방에 대한 경의나 배려를 나타내지만 서먹한 느낌을 줄 수도 있어서 계속 쓸 경우 상대방과의 거리가 쉽사리 좁혀지지 않을 수도 있지요. 그렇다고 처음 만난 상대나 손윗사람에게 갑자기 비격식체를 사용하는 것은 실례입니다. 상대방과 조금 친해진 경우에는 격식체로 대화를 하다가 중간중간 비격식체를 섞어서 이야기해 보세요. 그렇게 반복하다 보면 상대방과의 거리에 맞는 스피치 스타일로 자연스레 바뀌게 됩니다. 사이좋은 친구라면, 한마디쯤 반말로 이야기해도 좋은지 확인해 보는 것도 좋겠지요.

UNIT 06

旅行どうだった？
りょこう

여행은 어땠어?

~ 過去の出来事・友達言葉② - 過去形 -
  かこ できごと ともだちことば   かこけい

과거의 일・반말 표현② -과거형- ~

考えてみよう
かんが

1. 先週の週末、何をしましたか。
   せんしゅう しゅうまつ なに

2. 今までどこか旅行へ行きましたか。
   いま   りょこう い

3. 誰と旅行へ行きましたか。
   だれ りょこう い

会話1

대학에서 태우와 하루카, 유토가 주말에 한 일에 대해 이야기하고 있다.

テウ	はるかちゃん、新しいかばん買ったの？
はるか	はい。土曜日にユラさんとカロスギルで買ったんです。
テウ	カロスギルは初めて？
はるか	はい。おしゃれなお店が多かったです。三上君はどこか行ったの？
ゆうと	ぼくは三つレポートを書いたよ。
はるか	三つも？それは大変だったね。テウ先輩は？
テウ	ぼくはいとこの結婚式があったから、釜山へ帰ったよ。
ゆうと	わあ、結婚式ですか。どうでしたか。
テウ	ウェディングドレスもきれいだったし、結婚式もとてもにぎやかで楽しかったよ。
はるか	韓国の結婚式は、日本のと違うのかな……。

회화 1

어휘

カロスギル 가로수길 | 初めて 처음 | おしゃれな 멋을 내다/멋을 낸, 멋지다/멋진 | どこか 어딘가 |
レポート 리포트 | 〜も 〜(이)나 | いとこ 사촌 | 結婚式 결혼식 | 帰る 돌아가다 | わあ 우와 |
ウェディングドレス 웨딩드레스 | 違う 다르다

会話2

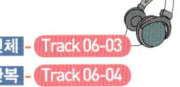

교실에서 유토가 유라에게 기념품을 주고 있다.

ゆうと　　ユラ、これ済州島(チェジュド)のおみやげ。みかんのチョコレート。

ユラ　　　わあ、ありがとう！済州島(チェジュド)、どうだった？

ゆうと　　2泊3日(にはくみっか)で短(みじか)かったけど、楽(たの)しかったよ。

ユラ　　　それはよかったね。

ゆうと　　うん。ユラは週末(しゅうまつ)、何(なに)してた？

ユラ　　　はるかちゃんとカロスギルでショッピングしたり、インド料理(りょうり)を食(た)べたりしたよ。

ゆうと　　へえ、インド料理(りょうり)か。どうだった？

ユラ　　　少(すこ)し高(たか)かったけど、スパイシーでとてもおいしかったよ。

회화 2

어휘

済州島 제주도 | おみやげ 기념품 | みかん 귤 | チョコレート 초콜릿 | 2泊3日 2박3일 | 短い 짧다/짧은 | ショッピング 쇼핑 | ～たり～たり ~하기도 하고 ~하기도 하고 | インド料理 인도요리 | 少し 조금, 약간 | スパイシーな (향신료로) 매콤하다/매콤한

表現・文型チェック

1 過去の出来事や感想を聞いたり話すとき 과거의 일이나 감상에 대해 묻거나 말할 때

(1) 丁寧な言葉 정중한 표현

예 ① A：週末はどこかに行きましたか。
　　　B：サークルのみんなとミュージカルを見に行きました。

　　② A：日本語の授業はどうでしたか。
　　　B：漢字が難しくて大変でした。

〈い・な形容詞（過去形）〉

긍정	부정
おもしろかったです	おもしろくありませんでした おもしろくなかったです（보다 구어적）
好きでした	好きじゃありませんでした 好きじゃなかったです（보다 구어적）

예외 よい ／ いい(좋다) → よかった ／ よくありませんでした・よくなかったです

흔히 하는 실수 중 하나가 'い형용사의 과거형'입니다. 주의하세요.

예 おいしいでした（×）
　　 おいしかったでした（×）
　　 おいしかったです（○）

표현・문형 체크

(2) **友達言葉** 반말 표현

예 ① A：アルバイト、どうだった？

B：忙しくて大変だった。

② A：パーティー、どうだった？

B：みんなで踊ったの。すごく楽しかったよ。

2 友達言葉② - 過去形 - 반말 표현 ② - 과거형 -

〈普通形(過去形)〉

	です・ます	긍정	부정
동사	行きます	行った	行かなかった
	食べます	食べた	食べなかった
	来ます	来た	来なかった
い형용사	おもしろいです	おもしろかった	おもしろくなかった
な형용사	元気です	元気だった	元気じゃなかった
명사	学生です	学生だった	学生じゃなかった

표현·문형 체크

	<丁寧な言葉 でした・ました>	<友達言葉>
①	A：昨日、宿題がありましたか。 B：はい、ありました。	A：昨日、宿題あった？ B：うん、あった。
②	A：昨日、テレビを見ましたか。 B：いいえ、見ませんでした。	A：昨日、テレビ見た？ B：ううん、見なかった。
③	A：テストは難しかったですか。 B：はい、難しかったです。	A：テスト、難しかった？ B：うん、難しかった。
④	A：昨日は忙しかったですか。 B：いいえ、忙しくありませんでした。	A：昨日、忙しかった？ B：ううん、忙しくなかった。
⑤	A：スポーツは得意でしたか。 B：いいえ、得意じゃありませんでした。	A：スポーツ、得意だった？ B：ううん、得意じゃなかった。
⑥	A：誕生日はいつですか。 B：先月の１６日でした。	A：誕生日いつ？ B：先月の１６日だった。
⑦	A：昨日は休みでしたか。 B：はい、休みでした。	A：昨日、休みだった？ B：うん、休みだったよ。
⑧	A：旅行はどうでしたか。 B：楽しかったです。	A：旅行はどうだった？ B：楽しかったよ。

※「ううん」のイントネーション　ううん。

ドリル

드릴

● 다음 빈칸에 알맞은 말을 넣어 보세요.

1 선배와 어제 축구 시합에 대해 말한다.

　　A：先輩、昨日のサッカーの試合、見ましたか。

　　B：うん！スマートフォンでね。

　　A：試合、① _____ 。

　　B：相手チームの選手もとても ② _____ けど、

　　　　やっぱりシン選手のプレイがすごく ③ _____ よ。

2 친한 친구와 새로운 카메라에 대해 말한다.

　　A：ねえねえ、これ、この間の旅行の写真？

　　　　たくさん ① _____ ね。

　　B：そうそう。新しいデジカメ ② _____ から。

　　A：へえ、でも ③ _____ ？

　　B：ううん。３０％オフ ④ _____ から。

ロールプレイ

ミッション 1

A : B에게 주말에 무엇을 했는지 질문해 보세요.
B : A에게 주말에 무엇을 했는지 자세히 이야기해 주세요.

| 주말에 한 일에 대해 묻는다 | A : Bさん、週末何をしましたか。 |

B : 友達と映画を見ましたよ。

| 좀 더 자세히 묻는다 | A : へえ、どんな映画を見ましたか。 |

B : ハリウッドの~という映画ですよ。

| 감상을 묻는다 | A : どうでしたか。 |

B : 音楽もよかったし、ストーリーも本当におもしろかったです。

| 의견을 말한다 | A : 私も今度見てみます。 |

롤플레이

ミッション 2

A : 친한 친구 B에게 여행에 대해 질문해 보세요.
B : 친한 친구 A에게 여행에 대한 감상을 말해 주세요.

여행에 대해 묻는다

A : 今までどこか旅行に行った？

B : うん。日本の大阪に行ったよ。

좀 더 자세히 묻는다

A : いつ、誰と行ったの？

B : 夏休みに友達と一緒に。

감상을 묻는다

A : いいなあ。どうだった？

B : 大阪の人はみんな親切だったし、とっても楽しかった。

A : 食べ物はどうだった？

B : ちょっと高かったけど、たこやきが本当においしかったよ。

의견을 말한다

A : 私も行ってみたいな。

PLUS 듬뿍! 일본어 플러스

일본의 결혼식

여러분은 일본의 결혼식을 본 적이 있나요? 현대 일본의 결혼식에는 일본 전통복을 입고 하는 神前式(しんぜんしき)와 仏前式(ぶつぜんしき), 드레스를 입고 하는 教会式(きょうかいしき)와 人前式(じんぜんしき)가 있습니다. 神前式(しんぜんしき)는 신사에서 행해지며, 仏前式(ぶつぜんしき)는 절이나 자기 집의 불단 앞에서 행해집니다. 教会式(きょうかいしき)는 대개 호텔이나 결혼식장의 예배당에서 하며 결혼의 맹세와 함께 반지를 교환합니다. 人前式(じんぜんしき)는 호텔이나 결혼식장, 레스토랑 등 다양한 장소에서 하며 부모와 친척, 친구 앞에서 결혼을 맹세합니다. 또한, 일본에서는 결혼식 후에 친척, 지인, 친구를 초대해 결혼했음을 널리 알리는 '피로연'을 엽니다. 하지만 최근에는 결혼식 자체에 법률상 의무가 없어서 혼인 신고서만 제출하는 '나시혼(ナシ婚(こん))'도 증가하고 있다고 합니다. 이처럼 일본의 결혼식은 장소나 형식 등이 다양합니다. 여러분은 어떤 결혼식을 올리고 싶습니까?

▲ 神前式(しんぜんしき)

▲ 仏前式(ぶつぜんしき)

▲ 人前式(じんぜんしき)

▲ 教会式(きょうかいしき)

UNIT 01~06

復習チェックシート
ふくしゅう

복습 체크시트

復習してみよう
ふくしゅう

1 UNIT 01~06의 회화 주제나 목표를 다시 확인해 봅시다.

2 UNIT 01~06에서 배운 표현, 문형을 다시 확인해 봅시다.

3 체크 항목을 보고 목표를 달성한 부분에 날짜를 써 봅시다.

復習チェックシート
복습 체크시트

UNIT	과 제목	체크 항목	첫 번째	두 번째
01	はじめまして。 처음 뵙겠습니다. 初めての出会い 첫 만남 13쪽	(1) 첫 만남에서 쓰는 인사 표현을 할 수 있다. 　예 ・はじめまして 　　　・どうぞよろしくお願いします	/	/
		(2) 이름과 학년에 대해 묻고 말할 수 있다. 　예 ・〜です / 〜と言います 　　　・〜と呼んでください	/	/
		(3) 전공이나 출신, 살고 있는 곳에 대해 묻고 말할 수 있다. 　예 ・〜を専攻しています 　　　・〜に住んでいます	/	/

UNIT	과 제목	체크 항목	첫 번째	두 번째
02	どんなところに住んでいますか。 어떤 곳에 살고 있습니까? 私の生活 나의 생활 25쪽	(1) 서로의 생활에 대해 묻고 말할 수 있다. 　예 ・〜はどうですか 　　　・(い・な형용사)です 　　　 (い・な형용사 접속)です 　　　・정도를 나타내는 부사	/	/
		(2) 살고 있는 동네와 친구, 가족의 직업, 성격 그리고 외모에 대해 묻고 말할 수 있다. 　예 ・どんなところ / 町〜か 　　　・どんな人〜か 　　　・(い・な형용사)です	/	/

UNIT	과 제목	체크 항목	첫 번째	두 번째
03	駅までどう行ったらいいですか。 えき　　　　　い 역까지 어떻게 가면 좋은가요? 行き方の説明 い　かた　せつめい 가는 방법의 설명 37쪽	(1) 가는 방법을 물어볼 수 있다. 　예 ・どう行ったらいいですか 　　　　　　い 　　　・～へ行きたいんですが 　　　　　　い	/	/
		(2) 가는 방법을 설명할 수 있다. 　예 ・～に乗って / 乗り換えて三つ目です 　　　　　　の　　　　の　　か　　　　みっ　め 　　　・～番出口から出てください 　　　　　ばん で ぐち　　　で 　　　・～本 　　　　ほん 　　　・一つ、二つ…… 　　　　ひと　　　ふた	/	/
		(3) 소요시간을 묻거나 설명할 수 있다. 　예 ・～から～までどのぐらいかかりますか 　　　・～時間かかります 　　　　　じ　かん 　　　・歩いたら～分です 　　　　ある　　　　　ふん 　　　・～時 　　　　　じ 　　　・～分 　　　　　ふん	/	/

UNIT	과 제목	체크 항목	첫 번째	두 번째
04	日曜日は休むつもりです。 にちようび　　やす 일요일은 쉴 거예요. 予定 よ てい 예정 51쪽	(1) 자신의 예정에 대해 말할 수 있다. 　예 ・～するつもり / 予定です 　　　　　　　　　　　　　よ てい 　　　・～から～まで	/	/
		(2) 상대방의 예정에 대해 물어볼 수 있다. 　예 ・何をするつもり / 予定ですか 　　　　なに　　　　　　　　よ てい 　　　・～の予定は？ 　　　　　　よ てい 　　　・～は空いていますか 　　　　　あ	/	/
		(3) 요일, 날짜, 시간에 대한 표현을 할 수 있다. 　예 ・～曜日 　　　　　よう び 　　　・～月～日 　　　　　がつ　 にち 　　　・～今日 / 今週 / 今月…… 　　　　きょう　こんしゅう　こんげつ	/	/

UNIT	과 제목	체크 항목	첫 번째	두 번째
05	踊るのが好きです。 춤추는 것을 좋아합니다. 好きなこと・友達言葉① - 現在形 - 좋아하는 것·반말 표현① - 현재형 - 65쪽	(1) 정중한 표현으로 좋아하는 것이나 잘하는 것을 묻고 말할 수 있다. 예 ・〜のが好きですか 　・〜のが好きです	/	/
		(2) 반말 표현으로 좋아하는 것이나 잘하는 것을 묻고 말할 수 있다. 예 ・〜のが好き？ 　・〜のが好き	/	/
		(3) 존댓말과 반말의 현재형으로 다양한 표현을 할 수 있다. 예 ・A：今日、宿題がありますか。 　　B：はい、あります。 　・A：今日、宿題ある？ 　　B：うん、ある。	/	/

UNIT	과 제목	체크 항목	첫 번째	두 번째
06	旅行どうだった？ 여행은 어땠어? 過去の出来事・友達言葉② - 過去形 - 과거의 일·반말 표현② - 과거형 - 77쪽	(1) 정중한 표현으로 과거의 일이나 감상을 묻고 말할 수 있다. 예 ・日本語の授業はどうでしたか 　・(い・な형용사)でした	/	/
		(2) 반말 표현으로 과거의 일이나 감상을 묻고 말할 수 있다. 예 ・アルバイト、どうだった？ 　・忙しくて大変だった	/	/
		(3) 존댓말과 반말의 과거형으로 다양한 표현을 할 수 있다. 예 ・A：今日、宿題がありましたか。 　　B：はい、ありました。 　・A：今日、宿題あった？ 　　B：うん、あった。	/	/

UNIT 07

予約した方がいいですよ。
よやく　　　ほう
예약하는 게 좋아요.

～ 状況説明・助言 상황설명・조언 ～
　じょうきょうせつめい　じょげん

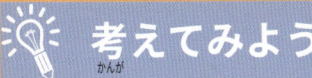

1	最近、友達に何か相談しましたか。 さいきん　ともだち　なに　そうだん

2	友達はあなたに何とアドバイスしましたか。 ともだち　　　　　　なん

3	今、何か悩んでいる/困っていることがありますか。 いま　なに　なや　　　　こま

会話1

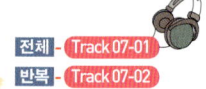

하루카가 유라에게 말을 건다.

はるか	ユラさん、ちょっといいですか。
ユラ	どうしたんですか。
はるか	週末に大田に住んでいる広島の先輩に会いに行くんですけど……。
ユラ	ええ。
はるか	バスで行くつもりなんですが、チケットの買い方がわからなくて。
ユラ	週末は渋滞するから、バスで行かない方がいいんじゃないですか。KTXは？
はるか	KTXですか。
ユラ	はい。韓国の新幹線……かな。ソウル駅から1時間ですよ。
はるか	じゃ、KTXで行きます。チケットは駅で買うんですか。
ユラ	駅でもいいですけど、週末ならネットで事前に予約した方がいいですよ。

회화 1

어휘

どうしたんですか 무슨 일이에요? | 大田(テジョン) 대전 | チケット 티켓, 표 | 買い方(かかた) 사는 방법 | 渋滞(じゅうたい)する (차가) 밀리다, (길이) 막히다 | 新幹線(しんかんせん) 신칸센 | ～かな ~일까 | ネット 인터넷 | 事前(じぜん) 사전 | 予約(よやく)する 예약하다

 # 会話2

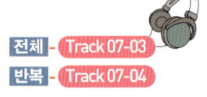

> 수업 쉬는 시간에 태우가 유토에게 말을 건다.

テウ	ゆうと、大阪出身だよね？
ゆうと	そうですけど。
テウ	実は、父が長期出張で大阪へ行くんだけど。
ゆうと	あ、そうなんですか。
テウ	大阪で地下鉄やバスに乗るとき、何かアドバイスある？
ゆうと	移動が多いなら、イコカを買った方がいいですよ。
テウ	イコカって何？
ゆうと	韓国の交通カードと似ていますよ。現金が必要ないですから、便利なんです。
テウ	へえ。どこで買うの？
ゆうと	駅でカードを買って、お金をチャージして使うんですよ。

회화 2

어휘

~よね？ ~지요? | 大阪(おおさか) 오사카 | 長期出張(ちょうきしゅっちょう) 장기 출장 | ~とき ~때 | 移動(いどう) 이동 | イコカ 이코카 (ICOCA, 주로 일본의 간사이 지방(関西地方(かんさいちほう))에서 사용되는 교통카드) | 交通(こうつう)カード 교통카드 | 似(に)ている 닮았다, 비슷하다 | 現金(げんきん) 현금 | 必要(ひつよう) 필요 | チャージする 충전하다

UNIT 07 予約(よやく)した方(ほう)がいいですよ。 97

表現・文型チェック

1 助言を求めるとき 조언을 구할 때

ちょっと相談したいんですが / ちょっと困っているんです

相談したいことがあるんです / 〜したいんですが

예 ① となりの人がうるさくて、困っているんです。
② 発表のことで、相談したいことがあるんです。

2 助言を求めるときの前置き 조언을 구하기 전의 한마디

상대방에게 조언을 구한다는 말을 꺼낼 때 그 앞 단계로서「〜んですが、/〜んですけど、/〜んだけど、」등의 표현을 써서 상황을 설명합니다.

예 ① この店に行きたいんですが、道がわからなくて……。
② 試験の勉強をしているんですけど、難しすぎて困っているんです。
③ 友達とけんかしたんだけど、どうしたらいいと思う?

ちょっと確認!

특별한 설명이 필요 없고 단순히 사실만을 말하는 경우에「〜んです」를 쓰면 어색한 표현이 되므로 주의합시다.

예 A：今晩、何時ごろ帰りますか。
B：8時ごろ帰るんです。(×)
　　8時ごろ帰ります。(○)

3 助言を与えるとき 조언을 해줄 때

상대방이 조언을 필요로 하는지 제대로 확인한 후, 상대방과의 관계에 적합한 표현을 선택합시다. 그렇지 않으면 강요하는 듯한 인상을 줄 수도 있습니다.

(1) 動詞た形＋方がいい ~하는 게 좋다

		<丁寧な言葉>	<友達言葉>
↓	①	病院に行った方がいいんじゃないんでしょうか。	病院に行った方がいいんじゃない？
	②	病院に行った方がいいかもしれませんよ。	病院に行った方がいいかもしれないよ。
	③	病院に行った方がいいと思いますよ。	病院に行った方がいいと思うよ。
	④	病院に行った方がいいですよ。	病院に行った方がいいよ。

강요의 느낌이 강해짐

(2) 動詞ない形＋方がいい ~하지 않는 게 좋다

		<丁寧な言葉>	<友達言葉>
↓	①	お酒を飲まない方がいいんじゃないんでしょうか。	お酒を飲まない方がいいんじゃない？
	②	お酒を飲まない方がいいかもしれませんよ。	お酒を飲まない方がいいかもしれないよ。
	③	お酒を飲まない方がいいと思いますよ。	お酒を飲まない方がいいと思うよ。
	④	お酒を飲まない方がいいですよ。	お酒を飲まない方がいいよ。

강요의 느낌이 강해짐

예 ① 윗사람에게 공손히 조언할 때

　　A : 最近、ちょっと寝不足なんだ。

　　B : 少し休んだ方がいいんじゃないんでしょうか。

② 친구에게 가볍게 조언할 때

　　A : ちょっと頭が痛いんだ。

　　B : バイト、行かない方がいいんじゃない？

③ 시급한 상황에서 친구에게 조언할 때

　　A : あ、もうこんな時間だ。バスあるかな？

　　B : もう出た方がいいよ。

4 動詞た形・ない形

	동사 사전형	た형 て형과 활용은 같음(て형은 1과 20쪽 참조)	ない형 (u)단을 (a)단에 활용
グループ1	会う(au)	会った 〈어미〉う・つ・る → った	会わない　awa-nai ※ あ행만 (a)가 아닌 (wa)로 활용
	読む(yomu)	読んだ 〈어미〉ぬ・ぶ・む → んだ	読まない　yoma-nai
	書く(kaku)	書いた 〈어미〉く→いた　※ 行った(예외)	書かない　kaka-nai
	泳ぐ(oyogu)	泳いだ 〈어미〉ぐ→いだ	泳がない　oyoga-nai
	話す(hanasu)	話した 〈어미〉す→した	話さない　hanasa-nai
グループ2	見る 食べる	見た 食べた 〈어미〉る → た	見ない 食べない
グループ3	する 来る	した 来た	しない 来ない

ドリル

드릴

● 다음 빈칸에 알맞은 말을 넣어 보세요.

1 몸이 아픈 사람에게 조언한다.

　A：どうしたんですか。顔色悪いですよ。

　B：昨日からお腹が痛いんです……。

　A：今は何も ①＿＿＿＿＿＿＿方がいいですよ。

　　　お腹の負担になりますから。

　B：そうなんですか。お水も？

　A：いえ、お水は ②＿＿＿＿＿＿＿方がいいですね。お茶とか。

　　　でも、冷たいお水は ③＿＿＿＿＿＿＿方がいいですよ。

2 면접을 보러 가는 친한 친구에게 조언한다.

　A：あれ？スーツ？

　B：うん。これから会社の面接に行くんだ。

　A：そうなんだ。がんばって！

　　　でも、あまり緊張 ①＿＿＿＿＿＿＿方がいいよ。

　B：そうだね。リラックス ②＿＿＿＿＿方がいいよね。

　A：それから、面接の質問には大きい声で ③＿＿＿＿＿方が

　　　いいよ。それだけで印象違うから。

　B：わかった。ありがとう。行ってきます。

ロールプレイ

롤플레이

ミッション 1

A : 감기에 걸린 B에게 조언을 두 가지 이상 해 보세요.
B : 당신은 감기에 걸렸습니다. 증상을 A에게 설명해 보세요.

말을 건다

A : 顔色悪いね。どうしたの？

B : 風邪をひいたんだ……。

조언한다

A : それは大変。今日のバイトは休んだ方がいいんじゃない？

B : そうだね……。のども痛いし……。

덧붙여 조언한다

A : 冷たいものは飲まない方がいいよ。それと、マスクして寝た方がいいかもね。

감사 인사를 한다

B : ありがとう。じゃ、今日はゆっくり休むよ。

A : お大事にね。

어휘

顔色が悪い 안색이 나쁘다/나쁜 | 風邪をひく 감기에 걸리다 | のどが痛い 목이 아프다/아픈 | 冷たいもの 차가운 것 | マスク 마스크 | お大事に 몸 조심하세요 (관용 표현)

ミッション2

A : 당신은 고민이 있습니다. B에게 고민을 상담하고 조언을 구하세요.
B : A에게 고민에 대한 조언을 두 가지 이상 해 보세요. 또, A와의 친한 정도나 상황을 바꿔가며 다양한 표현을 써봅시다.

| 말을 건다 | A : ちょっと相談したいことがあるんですが……。 |

B : どうしたんですか。

↓

| 상황을 설명한다 | A : 私、日本語が上手になりたいんです。どうしたらいいでしょうか。 |

B : 日本のドラマやアニメは見ますか。

↓

A : いいえ。あまり……。

B : 日本のドラマを見た方がいいかもしれませんね。楽しく勉強できますから。

| 조언을 한다 |

↓

A : じゃ、今度おもしろいドラマを教えてください。

B : いいですよ。それと、発音はあまり気にしない方がいいです。自信をもってください！

↓

| 감사 인사를 한다 | A : そうですね！これからもがんばります。アドバイスありがとうございました。 |

롤플레이

 Hint

成績がよくない 성적이 좋지 않다
せいせき

いつもダイエットに失敗してしまう 항상 다이어트에 실패하고 만다
しっぱい

友達が少なくて寂しい 친구가 별로 없어 외롭다
ともだち すく さび

友達や家族とけんかした 친구나 가족과 싸웠다
ともだち かぞく

昼ご飯を食べるお金がない 점심을 사 먹을 돈이 없다
ひる はん た かね

日本語が上手になりたい 일본어를 잘하고 싶다
にほんご じょうず

恋人がほしいけどできない 애인이 생겼으면 하는데 안 생긴다
こいびと

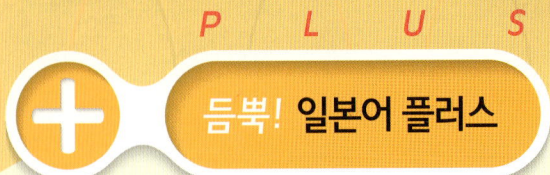

교통계 IC 카드

한국에 T-money(티머니)라는 교통카드가 있듯이, 일본에도 철도나 버스를 탈 때 쓸 수 있는 '교통계 IC 카드'라는 선불식 카드가 있습니다. Suica(스이카), ICOCA(이코카), TOICA(토이카), PASMO(파스모) 등 종류도 다양하고 각각 사용 가능한 지역이 정해져 있습니다. 또한, 전자화폐 기능을 가진 카드도 있어서 쇼핑이나 식사 시에 편리합니다. 교통계 IC 카드는 역 창구나 자동발권기에서 살 수 있습니다. 구매 시에는 먼저 보증금 500엔을 내고 충전을 하는데, 첫 구매 시 카드 금액이 정해져 있는 것도 있고 직접 충전금액을 정하는 것도 있습니다. 특히 대도시에서는 지하철이나 JR 등을 갈아탈 경우가 많은데요. 여행이나 출장 시 공공교통기관의 이동이 많은 경우에는 그 지역에서 사용 가능한 교통계 IC 카드를 준비할 것을 추천합니다.

UNIT 08

外国に行ったことがある？
がいこく　　い
외국에 가본 적 있어?

～ 経験・希望 경험・희망 ～
　けいけん　きぼう

考えてみよう
かんが

1 最近、どこを旅行しましたか。
　　 さいきん　　　　　　りょこう

2 どうして今の専攻を選びましたか。
　　　　　　　いま　せんこう　えら

3 将来の夢は何ですか。
　　 しょうらい　ゆめ　なん

会話1

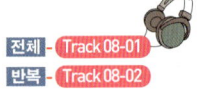

유라와 하루카가 외국에 가본 경험에 대해 이야기하고 있다.

ユラ　　はるかちゃん、韓国以外の国に行ったことありますか。

はるか　ありますよ。どうしてですか。

ユラ　　ねえ、その前に、一つ提案があるんだけど、そろそろタメ口で話さない？

はるか　あのう、私の方が一つ下だけど……いいんですか。あ、いいの？

ユラ　　いいよ。それで、どこに行ったの？

はるか　ええと、去年、友達に会いにタイに行ったよ。

ユラ　　タイ人の友達？

はるか　うん。日本で彼女のチューターしてたの。三上君もチューターしてたんだよ。

ユラ　　へえ、それは聞いたことなかった！

회화 1

어휘

以外 이외 | 国 나라 | ねえ 있잖아 | 提案 제안 | そろそろ 슬슬 | あのう 저기 | ～の方 ~의 쪽, 편 | 一つ下 한 살 아래 | ええと (말이나 생각이 미처 나지 않아 좀 생각할 때) 저 | 去年 작년 | タイ 태국 | 彼女 그녀

会話2

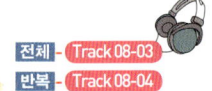

태우와 유토가 장래에 대해 이야기하고 있다.

テウ　　あのさ、ちょっと聞いたんだけど、日本の大学でチューターしてたの？

ゆうと　ええ、留学生といろいろなことを話してみたかったので。

テウ　　へえ、そうなんだ。

ゆうと　将来は海外で働きたいと思っているんです。

テウ　　そんな夢があるんだ。すごいな。

ゆうと　先輩の夢は？

テウ　　そうだな。まだ行ったことがない国を旅したいな。

ゆうと　それはいいですね。で、卒業後はどんな仕事がしてみたいですか。

テウ　　できれば、日本語を使って仕事してみたいんだ。

ゆうと　先輩なら、きっと夢が叶うと思いますよ。

회화 2

어휘

あのさ 있잖아 | いろいろ[な] 여러 가지(의) | 将来(しょうらい) 장래 | 海外(かいがい) 해외 | 働く(はたら) 일하다 | 夢(ゆめ) 꿈 | すごい 대단하다/대단한 | 旅する(たび) 여행하다 | で 그래서(=それで) | 卒業(そつぎょう) 졸업 | ～後(ご) ～후 | 仕事(しごと) 일 | できれば 가능하면 | ～なら ～라면 | きっと 반드시 | 叶う(かな) 이루어지다

表現・文型チェック

1 経験したことを話すとき 경험한 일을 말할 때

動詞た形 + ことがある ~한 적이 있다

예
① 私は北海道へ行ったことがあります。
② 妹はまだ、飛行機に乗ったことがありません。
③ 梅干し食べたことある？

2 願望を話すとき 희망 사항을 말할 때

動詞ます形 + たい ~하고 싶다

예
① 今日は疲れたので、早く寝たいです。
② いつか両親とヨーロッパ旅行が(を)したいです。
　※「が / を」두 가지 다 쓸 수 있습니다.
③ 将来、社長になりたいな。

표현·문형 체크

「〜たい」는 1인칭인 「私(わたし)」에만 쓸 수 있습니다. 주어가 제3자인 경우에는 「〜たがる」, 「〜たいそうだ」를 씁니다.

예 （私は）中国に行きたいです。（○）

田中くんは中国に行きたいです。（×）

→ 田中くんは中国に行きたがっています。（○）

→ 田中くんは中国に行きたいそうです。（○）

ここに注目！

예 学生：今日クラスの友達と居酒屋へ行きます。先生も来たいですか。

先生：えっ？

선생님이나 선배 같은 윗사람에게 질문할 때, 「〜たいですか」라고 묻는 것은 실례입니다. 이 경우에는 「〜たいですか」 대신에 「いかがですか」라고 물어야 자연스럽습니다.

예 学生：今日クラスの友達と居酒屋へ行きます。先生もご一緒にいかがですか。

ドリル

드릴

● 다음 빈칸에 알맞은 말을 넣어 보세요.

1 빵집의 빵에 대해 말한다.

A : ねえ、駅の近くのＡＢＣベーカリー① ＿＿＿＿＿＿＿ことある？

B : うん、あるよ。

A : 何がおいしい？

B : ほとんど全部② ＿＿＿＿＿＿＿ことがあるけど、私はたこやきパンが好き。

A : え？たこやきパン？③ ＿＿＿＿＿＿＿ことないよ。

B : 大阪出身のオーナーが作ったんだよ。

2 일본어를 배우는 이유에 대해 말한다.

A : どうして日本語の勉強を始めましたか。

B : 大好きな日本のマンガを日本語で① ＿＿＿＿＿＿＿＿＿からです。

A : そうですか。将来仕事で日本語を② ＿＿＿＿＿＿＿＿＿ですか。

B : はい。それに将来は日本に③ ＿＿＿＿＿＿＿＿＿です。

A : 夢があっていいですね。

ロールプレイ

롤플레이

ミッション1

A: B에게 천만 원이 있다면 무엇을 하고 싶은지 질문해 보세요.
B: A에게 해 보고 싶은 것을 이야기해 주세요.

| 하고 싶은 것을 묻는다 | A: 1000万ウォンあったら、何がしたいですか。 |

B: そうですね〜。旅行に行きたいです。

| 자세히 묻는다 | A: どこに行きたいですか。 |

B: まだ行ったことがないので、アメリカに行きたいです。

A: そこで、何をしたいですか。

B: ニューヨークのブロードウェイで毎日ミュージカルを見たいです。

| 의견을 말한다 | A: すてきですね！ |

어휘

ニューヨーク 뉴욕 | ブロードウェイ 브로드웨이 | ミュージカル 뮤지컬

ミッション2

A : Hint를 참고해서 B에게 경험에 대해 여러 가지 질문을 해 보세요.
B : A에게 자신의 경험에 대해 자세히 대답해 주세요.

경험에 대해 묻는다

A : Bさんは、日本に行ったことありますか。

↓

B : いいえ、まだないんです。

A : あ、そうですか。じゃ、中国に行ったことありますか。

B : はい、あります。

자세히 묻는다

A : 中国のどこに行きましたか。

B : 中国語を勉強しに北京に1か月ほどいました。

↓

A : へえ。いいですね。楽しかったですか。

B : はい！北京ダック食べたことありますか。おいしいですよ。

의견을 말한다

A : いいえ。私も一度食べてみたいです。

롤플레이

Hint

(場所)を旅行する (장소)를 여행하다

(食べ物)を食べる (음식)을 먹다

有名人に会う 유명인을 만나다

うそをつく 거짓말을 하다

ダイエットをする 다이어트를 하다

けんかをする 싸움을 하다

テストで0点を取る 테스트에서 0점을 받다

전국의 본고장 특산품

　여행의 즐거움 중에는 각 지역의 특색 있는 먹거리를 즐기거나 기념품을 고르는 것도 있지요. 일본에는 북쪽의 홋카이도부터 남쪽의 오키나와에 이르기까지 다양한 특산품이 있는데 그중에서 몇 가지를 소개할까 합니다. 홋카이도의 멜론, 야마가타의 버찌, 시즈오카의 귤 등은 제철에 현지에서 먹어보고 싶어하는 사람이 많지요. 또한, 나고야의 새우튀김과 새우튀김 주먹밥, 오사카의 오코노미야키와 다코야키, 후쿠오카의 명란젓, 나가사키의 짬뽕 등도 지명을 듣는 것만으로 저절로 떠오르는 '본고장 특산품'입니다.

　최근에는 '안테나숍'이라고 해서 일본 각 현의 특산품을 취급하는 가게도 수도권을 중심으로 많이 생겨나고 있어, '본고장 특산품'을 찾는 손님들에게 인기가 많습니다. 여러분도 일본을 방문하면 꼭 그 지방만의 특산품을 맛보시기 바랍니다.

UNIT 09

ギター弾けるの？
기타 칠 수 있어?

～ 可能表現・申し出 가능 표현・제안 ～

考えてみよう

1. どんなパーティーがありますか。
2. してみたいパーティーはありますか。
3. サプライズを計画したことはありますか。

会話1

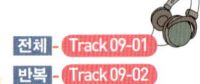

교실에서 유토와 유라가 하루카의 생일에 대해 이야기하고 있다.

ユラ　　　ゆうと、今勉強中？忙しい？

ゆうと　　ううん。大丈夫だよ。どうしたの？

ユラ　　　今週の日曜日、はるかの誕生日パーティーするんだけど。来られる？

ゆうと　　もちろん！はるかは知ってるの？

ユラ　　　ううん。その日、会う約束はしてるけど、パーティーのことは内緒。

ゆうと　　じゃ、サプライズパーティーだね。場所は？

ユラ　　　サークルの練習場所を借りることができるんだ。
　　　　　それで、準備を手伝ってほしいんだけど。

ゆうと　　いいよ。テウ先輩と3人でやる？

ユラ　　　それ、いいかも。先輩に連絡とってみるよ。

회화 1

어휘

〜中 ~하는 중 | パーティー 파티 | もちろん 물론 | その日 그날 | 約束 약속 | 内緒 비밀 | サプライズ 서프라이즈, 깜짝 | 場所 장소 | 練習 연습 | 借りる 빌리다 | 準備 준비 | 手伝う 돕다, 거들다 | やる 하다 | いいかも 좋을지도(いいかもしれない의 줄임말) | (連絡を)とる (연락을) 하다

会話2

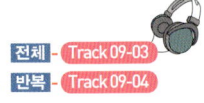

유토와 태우와 유라가 파티 계획을 세우고 있다.

テウ	誕生日パーティーのことだけど、ぼくは何を準備すればいい？
ユラ	私は食べ物を用意するので、飲み物をお願いできますか。
テウ	オッケー。ほかに誰に声をかける？
ゆうと	サークルや学科の友人に声をかけましょうか。
ユラ	じゃ、それお願いできる？ それと先輩、バースデーソング歌えませんか。
テウ	え？歌？一人じゃちょっと恥ずかしいな。
ゆうと	じゃ、ぼくがギターを弾きましょうか。
テウ	ゆうと、ギター弾けるの？知らなかった。
ゆうと	そんなに上手じゃないですけど。今日から練習します！

회화 2

어휘

用意(ようい)する 준비하다 | 飲(の)み物(もの) 음료 | お願(ねが)いする 부탁하다 | オッケー 오케이 | ほかに 그밖에 | 学科(がっか) 학과 | 友人(ゆうじん) 친구 | 声(こえ)をかける 부르다, 말을 걸다 | バースデーソング 생일 축하 노래 | 一人(ひとり)じゃ 혼자서는(=一人では) | 恥(は)ずかしい 부끄럽다/부끄러운 | (ギターを)弾(ひ)く (기타를) 치다 | そんなに 그렇게

表現・文型チェック

1 できることについて話すとき 할 수 있는 일에 대해 말할 때

(1) 動詞辞書形 + ことができる ~할 수 있다

예 ① キムさんはギターを弾くことができるんだね。
　　② 彼はバイクを運転することができます。

(2) 動詞可能形 ~할 수 있다

예 ① うちの父はパソコンもスマートフォンも使えるよ。
　　② 佐藤さんは、ビールは飲めますが、ワインは飲めません。

	동사 사전형	어미, 활용	가능형
グループ1	使う(tsukau) 書く(kaku) 立つ(tatsu) 飲む(nomu) 飛ぶ(tobu)	う(u) → える(eru)	使える(tsukaeru) 書ける(kakeru) 立てる(tateru) 飲める(nomeru) 飛べる(toberu)
グループ2	見る 食べる	る → られる	見られる 食べられる
グループ3	来る(kuru) → 来られる(korareru) ※ する → できる		

124

표현·문형 체크

 ちょっと確認!

회화체에서는 グループ2의 동사나 グループ3의「来る」의 가능형인「来られる」의「ら」를 말하지 않는「ら抜き言葉」를 쓰기도 합니다.

> 예　A：図書館の本、何冊まで借りれる（借りられる）？
> 　　B：1週間に5冊まで借りれる（借りられる）よ。

구어에서는 위와 같이 쓰는 사람도 많지만, 문법적으로는 잘못된 표현이므로 주의합시다.

② 手伝いを申し出るとき 도움을 제안할 때

〜ましょうか ~할까요?

예　① A：あ、もう飲み物がなくなってる。
　　　 B：コンビニ行って買ってきましょうか。

　　② A：この箱、重いなあ……。
　　　 B：あ、ぼくが持ちましょうか。

표현・문형 체크

3 手伝いをお願いするとき 도움을 부탁할 때

～をお願いできますか / ～をお願いしたいのですが / ～てほしいんだけど

예 ① A：ケーキをお願いしたいのですが。
　　B：ケーキですね。わかりました。

② A：写真を撮ってほしいんだけど。
　　B：わかった。カメラ持っていくね。

③ A：悪いけど、コピーお願いできる？
　　B：コピーですね。いいですよ。

ドリル

드릴

● 「ことができる・動詞可能形」를 써서 다음 빈칸에 알맞은 말을 넣어 보세요.

1 매운 음식에 대해 말한다.

A : 山田さんは、辛いものを ①_____ますか。

B : 韓国に初めて来た時は、まったく ②_____でしたが、

今は少しなら ③_____ます。

A : そうですか。

2 편의점 서비스에 대해 말한다.

A : キムさんは、日本のコンビニに行ったことありますか。

B : いいえ。 スミスさんは行ったことありますか？

A : はい。日本のコンビニはとても便利ですよ。

いろんなサービスがあるんです。

B : 例えば？

A : コンビニで ①_____し、

②_____るんですよ。

B : へえ。便利ですね。

| はがきや手紙を出す 엽서나 편지를 부치다 | チケットを買う (각종)
티켓을 사다 | 写真を現像する 사진을 현상하다 | 荷物を送る(受け取る)
짐을 보내다(받다) | コピーする 복사하다 | ガスや水道代を支払う
가스나 수도요금을 내다

ロールプレイ

ミッション 1

A : 당신은 면접관입니다. B에게 무엇을 할 수 있는지 질문해 보세요.
B : 당신은 아르바이트 면접을 보러 왔습니다. 질문에 답해 주세요.

| 면접을 시작한다 | A : では、始めましょう。 |

 B : よろしくお願いします。

| 무엇을 할 수 있는지 묻는다 | A : ここは外国人も多いですが、外国語は何か話せますか。 |

B : はい、英語はあまり上手ではありませんが話せます。それと、中国語が少しできます。

| 또 무엇을 할 수 있는지 묻는다 | A : そうですか。デスクワークもありますが、パソコンは使えますか。 |

B : はい、大学でクラスをとっているので使うことができます。

| 면접을 마친다 | A : 今日はお疲れ様でした。じゃ、結果は明日連絡します。 |

롤플레이

ミッション2

A : 당신은 동아리 선배입니다. B에게 동아리에서 산으로 캠프를 가는데 도와달라고 부탁해 보세요.

B : 당신은 동아리 후배입니다. A에게 도와주겠다고 제안해 보세요.

A : 今度のキャンプ、準備が大変！
こんど　　　　　　　じゅんび　たいへん

제안한다

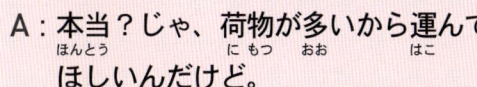
B : 何かお手伝いしましょうか。
なに　　てつだ

부탁한다

A : 本当？じゃ、荷物が多いから運んでほしいんだけど。
ほんとう　　　にもつ　おお　　はこ

구체적인 제안을 한다

B : 父の車が使えるので、車出しましょうか。
ちち　くるま　つか　　　　くるまだ

A : いいの？ガソリン代はみんなで出すからね。
だい　　　　　　　　だ

B : それは助かります。じゃ、買い出しもしましょうか。
たす　　　　　　　　　　か　だ

A : 悪いけど、お願いできる？
わる　　　　　ねが

말을 끝낸다

B : もちろんです！

어휘

荷物 짐 | 運ぶ 옮기다 | 出す 내다 | ガソリン代 기름값 | 買い出し 물건을 삼, 장보기
にもつ　　　はこ　　　　だ　　　　　　　だい　　　　　　　か　だ

UNIT 09　ギター弾けるの？

PLUS
듬뿍! 일본어 플러스

제안(申し出)
もう で

왼쪽 아래의 그림을 봐 주십시오. 기침하는 아주머니를 보고 당신은 물을 가져다주려고 합니다. 이때, 어떻게 물어봐야 할까요?

> 예 ① お水持ってきます。
> 　　みず も
> ② お水持ってきましょうか。
> 　　みず も

이번에는 오른쪽 아래의 그림을 봐 주십시오. 어두운 방에서 컴퓨터 작업을 하는 사람을 보고 당신은 불을 켜주려고 합니다. 이때, 어떻게 말해야 할까요?

> 예 ① 暗いので電気つけます。
> 　　くら　　でんき
> ② 暗いので電気つけましょうか。
> 　　くら　　でんき

각각의 표현의 차이점은 뭘까요? ①의「～します(～할게요)」는 상대방이 원할 때는 정중한 제안의 표현이 되지만, 그렇지 않을 경우에는 강요하는 듯한 말투로 들릴 수 있습니다. 한편 ②의「～ましょうか(～할까요)」는 상대방이 '예/아니요'로 대답할 수 있으므로, 강요하는 듯한 말투로 들리지 않습니다. 이렇게 상황에 따라 말을 가려서 쓰면 더욱 적절한 의사 전달이 가능해집니다.

UNIT 10

あと5分ぐらいで着くって。
앞으로 5분 정도면 도착한대.

~ 情報の伝達 정보의 전달 ~

考えてみよう

1. 行ってみたい場所はありますか。
2. どうしてそこに行ってみたいですか。
3. 最近、有名人の噂話を聞きましたか。

会話1

유라의 옆에서 유토가 한국어로 전화하고 있다.

ユラ　　　今の電話、誰から？

ゆうと　　ユラも知ってるキム先輩だよ。

ユラ　　　何の話だったの？

ゆうと　　明日のボランティアガイドの時間が変更になったって。

ユラ　　　そっか。それにしても、ゆうと韓国語上手になったね。

ゆうと　　いや、まだまだだよ。外国語は、勉強すればするほど難しくなるよね。

ユラ　　　そうだね。

ゆうと　　あれ？テウ先輩はまだ？

ユラ　　　あと5分ぐらいで着くって。はるかの大好物のトッポッキを持ってくるらしいよ。

회화 1

어휘

話 이야기 | ボランティアガイド 자원봉사 가이드 | 変更 변경 | それにしても 그나저나, 그렇다
해도 | いや 아니 | まだまだ 아직 | すればするほど 하면 할수록 | あと 앞으로 | 着く 도착하다
大好物 가장 좋아하는 음식 | トッポッキ 떡볶이 | 持つ 가지다 | 〜てくる ~해 오다

会話 2

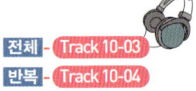

하루카의 생일을 다 함께 축하한다.

ユラ	はるか、お誕生日おめでとう！ほら、ろうそく消して。
はるか	ふ～。(촛불을 끄다) みんな、どうもありがとう。
ユラ	はるか、ケーキ食べてみて。昨日私が作ったの。
はるか	すごい！うん、おいしい！
テウ	ユラ、本当に料理が上手になったね。新歓キャンプでは、キムチチゲも作れなかったのに。
ユラ	実は、あれから近所の料理教室に通ってるんです。
テウ	へえ。そうなんだ。
はるか	あ、同じ寮のミナ先輩も通っているそうですよ。先輩のカルビチム、すごくおいしいらしいです。

회화 2

어휘

ほら 자, 이봐 | ろうそく 초, 촛불 | 消す 끄다 | 新歓キャンプ 신입생 환영 캠프 | 〜のに 〜는데 |
近所 근처 | 料理教室 요리교실 | 通う 다니다 | カルビチム 갈비찜 | すごく 아주

表現・文型チェック

1 いろいろな伝聞の表現 여러가지 전문 표현

(1) 〜そうです ~라고 합니다

보통형에 접속하며, 화자가 듣거나 읽어서 직접 얻은 정보를 전할 때 씁니다.

① 昨日、映画を見に行きました。
　でも、あまりおもしろくありませんでした。
② 山田先生はとても親切です。

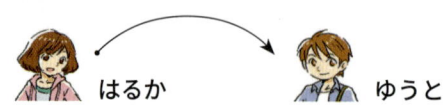
はるか　　　　ゆうと

例　① ゆうと：はるかさんは、昨日映画を見に行ったそうですよ。
　　　　　　　　でも、あまりおもしろくなかったそうです。
　　② ゆうと：はるかさんに聞きましたが、山田先生はとても親切だそうです。

(2) 〜って ~하대

친구나 친한 사이의 대화에서 (1)의「そうです」나「〜と言っていました」대신에 사용합니다.

① 今日は忙しいです。
　日本から友達が来るんです。
② ちょっと遅れます。

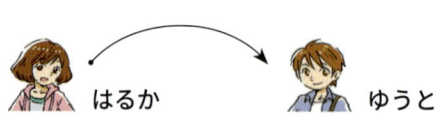
はるか　　　　ゆうと

例　① ゆうと：はるかちゃん、今日は忙しいって。日本から友達が来るんだって。
　　② ゆうと：はるかちゃん、ちょっと遅れるって。

표현·문형 체크

(3) 〜らしいです ~인 것 같다, ~인 듯하다

보거나 들어서 얻은 정보를 근거로 화자가 판단한 것을 전할 때 씁니다. 보통형에 접속하지만, な형용사·명사의 경우에는「だ」를 없애고 씁니다.

① タイに行ったことがあります。
② このお店、有名ですよ。

はるか　　　ゆうと

예 ① ゆうと：はるかさんは、タイに行ったことがあるらしいです。
　　 ② ゆうと：はるかに聞いたけど、このお店、有名らしいよ。

ちょっと確認!

「そうです」은 다음과 같이 다양하게 쓰입니다.

① 今日は雨がふるそうです。〈전문〉
② 今日は雨がふりそうです。〈양태〉

ここに注目!

들은 이야기를 전달할 때는 정보의 출처를 함께 쓰기도 합니다.

〜さんに聞いたんだけど、　　〜さんが言ってたんだけど、
〜によると、　　　　　　　〜によれば、
〜の話では、　　　　　　　〜に聞いたところでは、

표현・문형 체크

2 変化の表現 변화의 표현

な形容詞 + になる、い形容詞 + くなる ~해지다

예 ① 韓国語、上手になったね。
② 11月になって、少し寒くなりました。

3 ~ば~ほど ~면 ~할수록

예 ① 外国語は勉強すればするほど、難しくなります。
② 読めば読むほど、この小説はおもしろい。

4 ~のに ~데, ~데도

예 ① 昨日10時間も寝たのに、まだ眠いです。
② パクさんは留学したことがないのに、日本語がぺらぺらです。
③ 田中さんはお金持ちなのに、けちだ。

ドリル   드릴

● 「伝聞の表現」을 써서 다음 빈칸에 알맞은 말을 넣어 보세요.

1 선생님에게 친구 결석에 대해 보고한다.

A：キム・ジヘさん。（출결을 확인한다.）

B：先生、今日キムさんは休む① _____ 。
さっき電話がありました。

A：え？どうしたんですか。

B：ジヘさんの話だと、頭が痛くて、熱がある② _____ 。

A：そうですか。今日提出のレポートについて、何か聞いていますか。

B：よくわからないんですが、半分は書いた③ _____ です。

A：わかりました。後で私から連絡してみます。

2 친한 친구에게 휴강에 대해 보고한다.（Hint를 참고）

A：聞いた？午後の日本語の授業、① _____ 。

B：そうなの？どうして？

A：ユン先輩の話によると、今朝イ先生が② _____ 。

B：え？それは大変だね。

A：うん。③ _____ 。

B：先生、大丈夫かな……。

A：かなりひどくて、今日の午後④ _____ 。

 **Hint**　休講になる 휴강이 되다 ｜ 事故にあう 사고를 당하다 ｜ 足の骨を折る 다리뼈가 부러지다 ｜ 手術をする 수술을 하다

ロールプレイ

ミッション1

A : B에게 평이 좋은 가게에 대해 이야기해 주세요.
B : A에게 평이 좋은 가게에 대해 물어보세요.

말을 꺼낸다

A : 先輩、お腹がすきましたね。

B : そうだね。どこかいいレストラン知ってる？

정보를 전한다

A : ええ、食べ放題の「シーザーズ」が安くておいしいそうですよ。

B : あ、そこね。友達に聞いたんだけど、ネットの評価と違って、よくなかったって。

A : え、そうなんですか。じゃ、すし食べ放題の「北海ずし」はどうでしょうか。

B : よく調べてるね。それもネットで？

정보를 더 전한다

A : そうですよ。ネットの口コミランキング一位のお店らしいです。

Hint 食べ放題 뷔페 | 評価 평가 | 違う 다르다 | 調べる 조사하다, 찾다 | 口コミ 입소문 | 〜位 〜위

롤플레이

ミッション2

A: B에게 유명인이나 주변의 소문에 대해, 정보의 출처도 밝혀서 이야기해 주세요.
B: A에게 소문에 대해 질문해 보세요.

| 말을 건다 | A: ねえ、知ってる？ |

 B: 何？

| 소문에 대해 이야기한다 | A: サッカー選手のイム・ジョンウ、結婚するらしいよ。 |

 B: そうなの？誰と？

| 소문의 출처에 대해 이야기한다 | A: 週刊マンデーによると、モデルのＪＪと結婚するって。 |

 B: へえ、そうなんだ。結婚式はどこでするの？

A: ネットの情報によると、ＮＨホテルらしいよ。

| 의견을 말한다 | B: よく知ってるね！ |

어휘

週刊 주간 | 情報 정보

간단한 일본 요리

여러분은 어떤 일본 요리를 좋아합니까? 일본 요리를 만들어 본 적이 있습니까? 오늘은 덮밥 중에서도 간단하게 만들 수 있는 '牛丼(소고기 덮밥)'을 소개합니다.
ぎゅうどん

★ 규동(3인분)

재료 : 소고기(불고기용) 300g
　　　양파 중간 크기 한 개
　　　양념-간장 2 큰 술, 설탕 1 작은 술, 맛술 2 작은 술, 육수용 조미료 3 작은 술

(1) 양파는 반으로 잘라 채를 썬다.
　　 소고기는 먹기 좋은 크기로 자른다.
(2) 프라이팬에 기름을 두르고 양파를 볶는다.
(3) 양파가 투명해지면 소고기를 넣고 볶는다.
(4) 소고기가 갈색을 띠면 프라이팬에 양념을 모두 넣고 뚜껑을 덮어 5분 정도 익힌다.
(5) 뜨거운 밥 위에 얹으면 완성.

　일본에는 싸고 빠르고 맛있는 규동집도 많이 있지만, 직접 만든 규동은 각별하겠지요. 한 번쯤 규동 만들기에 도전해 보는 건 어떨까요?

UNIT 11

プレゼントをもらいました。

선물을 받았습니다.
～ 授受表現 수수 표현 ～
じゅじゅひょうげん

考えてみよう
かんが

1. 去年の誕生日に何をもらいましたか。
   きょねん たんじょうび なに

2. イベント(お正月やクリスマス)に何をよくプレゼントしますか。
   しょうがつ なに

3. 今も大切にしているプレゼントは何ですか。
   いま たいせつ なん

会話1

하루카의 생일 파티에서 선물을 준다.

テウ	お誕生日おめでとう。これどうぞ。
はるか	ありがとうございます。開けてもいいですか。
テウ	気に入ってもらえるといいんだけど。
はるか	わあ、すてきなダンスシューズですね！もらってもいいんですか。
テウ	もちろん。サークルのみんなからだよ。
はるか	みんなから？私にくれるんですか。
テウ	ダンスもがんばっているから。
はるか	うれしい！ちょうど欲しいと思っていたんです。大切に使います。

회화 1

어휘

おめでとう 축하해 | どうぞ 어서, 부디 (상대방에게 뭔가 권할 때 쓰는 표현) | 開ける 열다 | 気に入る 마음에 들다 | ダンスシューズ 댄스 슈즈 | みんな 모두 | がんばる 열심히 하다 | うれしい 기쁘다/기쁜 | ちょうど 마침 | 欲しい 갖고 싶다/갖고 싶은 | 大切な 중요하다/중요한, 소중하다/소중한

会話 2

유라와 유토가 김 선배의 졸업 선물을 의논한다.

ユラ	ねえ、キム先輩もうすぐ卒業じゃない？
ゆうと	そうだね。何か卒業プレゼントをあげたいね。
ユラ	うん。みんなでプレゼントをあげない？
ゆうと	いいね。何がいいかな？
ユラ	会社員になるらしいからネクタイはどう？
ゆうと	う～ん、それもいいけど、もらって思い出に残るプレゼントがいいと思うな。
ユラ	じゃ、一緒に撮った写真がいっぱいあるから、フォトアルバムは？
ゆうと	それ、絶対喜ぶと思うよ。デザインはぼくに任せて。
ユラ	じゃ、みんなで写真を選ぶから、ゆうとお願いね。
ゆうと	オッケー。

회화 2

어휘

ねえ 있잖아 | もうすぐ 곧 | 卒業 졸업 | プレゼント 선물 | 会社員 회사원 | ネクタイ 넥타이 | 思い出 추억 | 残る 남다 | いっぱい 많이 | フォトアルバム 사진앨범 | 絶対 절대, 틀림없이 | 喜ぶ 기뻐하다 | デザイン 디자인 | 任せる 맡기다 | 選ぶ 고르다 | お願いね 부탁해

表現・文型チェック

1 あげる・くれる・もらう 주다・주다・받다

(1) **あげる** (나 혹은 제3자가 제3자에게) 주다

예 テウ先輩がはるかにチケットをあげました。

(2) **くれる** (제3자가 나 혹은 나와 가까운 사람에게) 주다

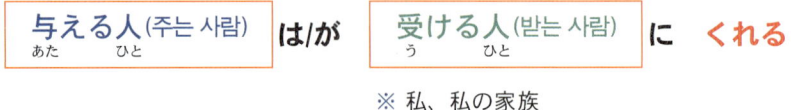

※ 私、私の家族

예 テウ先輩が私にチケットをくれました。

(3) **もらう** 받다

예 はるかはユラにかばんをもらいました。

표현·문형 체크

2 ものをあげたり、もらったりするとき 물건을 주고받을 때

(1) ものをあげるとき 물건을 줄 때

これ、どうぞ / これ、あげる

예 A：あっ！ノートを忘れました……。
　　B：これ、どうぞ。さっき3冊買いましたから。

(2) ものをあげた後 물건을 준 후에

気に入ってもらえるといいんだけど / 喜んでくれるといいんだけど

예 A：これ、何ですか。
　　B：誕生日プレゼントです。気に入ってもらえるといいんですけど。

(3) ものをもらったとき 물건을 받았을 때

開けてもいいですか / こんな高そうなもの、いいんですか
くれるんですか / 前からずっと欲しかったんです
ちょうど、欲しいと思ってたんだ / 大切に使います

예 ① A：お誕生日おめでとう。これ、どうぞ。
　　　B：え？開けてもいいですか。

　　② A：これ、クリスマスプレゼント。スマホケースにしました。
　　　B：わあ、ありがとうございます！
　　　　前からずっと欲しかったんです。

표현·문형 체크

회화체에서는 주는 사람(与える人)과 받는 사람(受ける人)이 생략되는 경우가 많습니다.

예 ① テウ　：このチケット、(ぼくが)はるかにあげるよ。
　　　はるか：えっ？こんな高そうなチケット(テウ先輩が私に)、本当にくれるんですか。

　② はるか：昨日、(私は)ユラにこのかばんをもらったの。
　　　ゆうと：へえ〜、かわいいかばんだね。

ドリル 드릴

● 다음 빈칸에 알맞은 말을 보기 에서 골라 올바르게 바꾸어 써 보세요.

> 보기　あげる・くれる・もらう

1 [지인에게 선물을 받고 말한다.]

　A：これ。どうぞ。

　B：え？パクさん、これ私(わたし)に ①_____？

　A：誕生日(たんじょうび)プレゼント。気(き)に入(い)ってもらえるといいんだけど。

　B：わあ、かわいい財布(さいふ)。ちょうど欲(ほ)しいと思(おも)ってたんです。

　A：よかった。

　B：あ、ごめんなさい。

　　今年(ことし)のパクさんの誕生日(たんじょうび)に何(なに)も ②_____ ね。

2 [언니와 케이크에 대해 말한다.]

　A：おいしそうなケーキ。買(か)って来(き)たの？

　B：あ、お姉(ねえ)ちゃん。ううん、①_____の。

　A：え？誰(だれ)が ②_____の？

　B：ゆうと君(くん)。

　A：私(わたし)も食(た)べたい。

　B：私(わたし)が ③_____ケーキだから、だめ。

　A：ええ？少(すこ)しぐらいいいでしょう。

　B：じゃ、ちょっとだけ ④_____よ。

ロールプレイ

ミッション1

A : 우측 페이지(153쪽)의 일러스트 중에서 주고 싶은 선물을 골라 종이에 써 주세요. 글씨가 보이지 않게 접은 후, 선물이라며 B에게 건네주세요.
B : A한테 선물을 받아서 열어보세요.

말을 꺼낸다	A : お誕生日おめでとう！ 　　　たんじょうび

B : ありがとう。

선물을 준다	A : これ、あげる。

B : えっ、くれるの？ 開けてもいい？
　　　　　　　　　　　あ

선물을 받는다	

A : どうぞ。

B : うわあ、スマホケース！ちょうど、
　　欲しかったんだ。
　　ほ

A : 気に入ってくれるとうれしいな。
　　き　い

감사 인사를 한다	B : ありがとう。大切に使うね。 　　　　　　　　　　たいせつ　つか

롤플레이

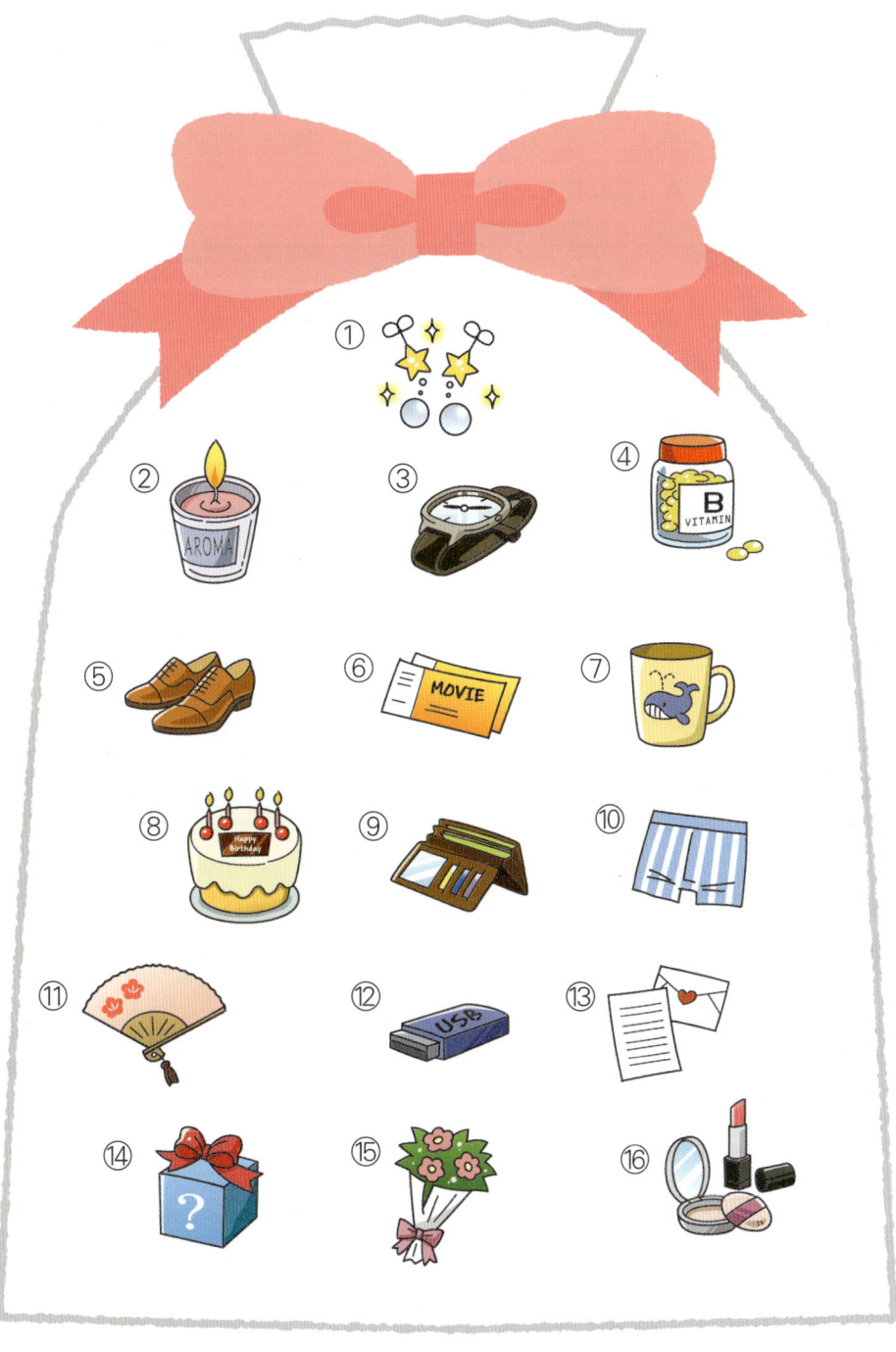

UNIT 11 プレゼントをもらいました。

ミッション2

A : 미션 I(152쪽)에서 받은 선물에 대해 다른 친구에게 이야기해 주세요.
B : A의 선물에 대해 이야기한 후, A가 갖고 싶어 하는 것을 물어보세요.

| 선물을 보여준다 |

A : これ見て。どう？
　　　 み

B : うわ〜、かわいいね。どうしたの？

| 선물에 대해 이야기한다 |

A : 〜さんが誕生日プレゼントをくれたんだ。
　　　　　　 たんじょう び

B : 誕生日だよね。おめでとう！
　　 たんじょう び

A : ありがとう。

B : ぼくも、そんなスマホケース欲しいな。
　　　　　　　　　　　　　　 ほ

A : いいでしょ。私も、とても気に入ってる。
　　　　　　 わたし　　　　 き い

| 갖고 싶은 것을 물어본다 |

B : ぼくも今度プレゼントあげるよ。何が欲しい？
　　　　 こんど　　　　　　　　　　 なに　ほ

A : え〜っと……。

롤플레이

ミッション 3

「思い出のプレゼント(기억에 남은 선물)」

둘 이상 조를 만들어, 지금껏 받거나 준 선물 중에서 인상에 남은 것에 대해 이야기해 봅시다. 이야기를 듣는 사람은 맞장구를 치거나 의견을 말하고 다양한 질문도 해 봅시다.

예 ① 今までもらったプレゼントの中で一番うれしかった物
    ② 今までもらったプレゼントの中で一番困った物
    ③ 今まであげたプレゼントの中で一番高かった物
    ④ 今まであげたプレゼントの中で一番安かった物

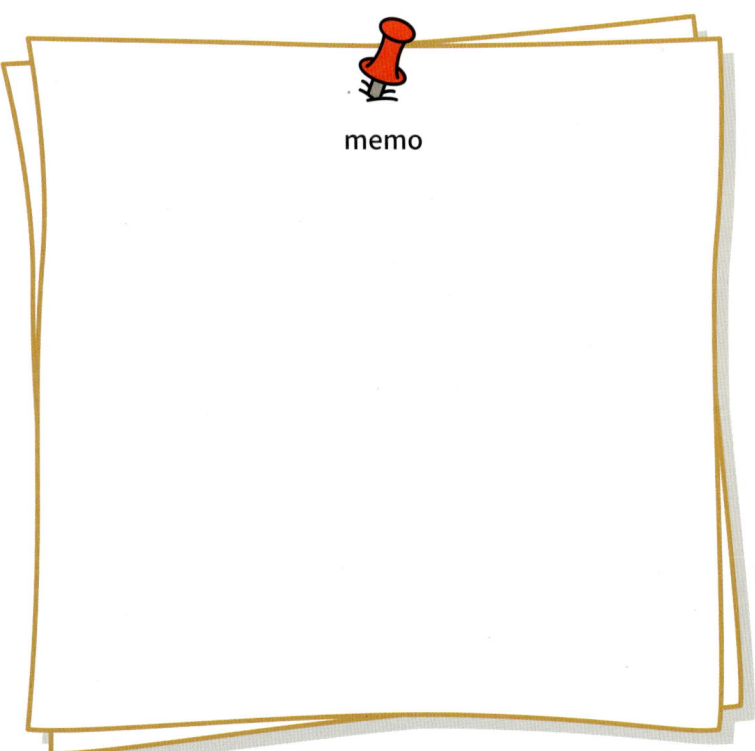

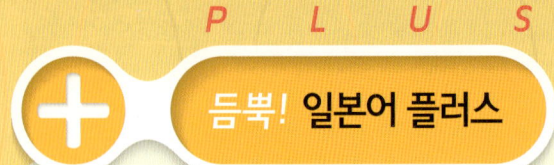

돈을 선물하다

　가족이나 친구의 생일, 혹은 신세를 진 분에 대한 답례 등 우리는 일상생활 속에서 선물을 할 일이 종종 있습니다. 일본에서는 선물 포장지나 리본 등의 종류도 많으며 아무리 작은 것이라도 예쁘게 포장해서 선물합니다. 이렇게 선물의 내용물뿐만 아니라 포장에도 마음을 담아 예쁘게 하는 습관은 일본 문화의 하나라고 말할 수 있겠습니다. 그렇다면 돈을 선물하는 경우는 어떨까요? 일본에도 입학, 출산, 결혼 등을 축하하며 돈을 선물하는 경우가 많은데요, 이때에도 상황에 맞는 특별한 봉투에 돈을 넣어 선물합니다. 장식이 달린 예쁜 봉투나 봉지는 일본의 문구점이나 편의점에서 쉽게 볼 수 있습니다. 그 외에도 돈을 선물할 때의 여러 가지 예절에 대해서 한 번 알아보는 것은 어떨까요?

UNIT 12

助けてくれてありがとう。
たす

도와줘서 고마워.

～ 感謝を述べる・振り返る ～
かんしゃ の ふ かえ

~감사를 표하다・돌이켜 보다~

考えてみよう
かんが

1. 感謝したい人はいますか。誰に何について感謝したいですか。
かんしゃ　　　ひと　　　　　　だれ　なに　　　　　かんしゃ

2. 今学期、一番がんばったことはどんなことですか。
こんがっき　いちばん

3. 今学期、一番大変だったことはどんなことですか。
こんがっき　いちばんたいへん

会話 1

학교에서 유라와 유토가 시험에 대해 이야기하고 있다.

ユラ	今学期の期末試験も明日で終わりだね。
ゆうと	早く試験終わってほしいよ。
ユラ	そうだね。留学生も韓国語で試験受けるの？
ゆうと	うん。授業によっては、英語や日本語で受けることもできるけど……。
ユラ	それは大変だね。がんばってね。
ゆうと	でも、試験前にユラに韓国語を教えてもらったから、助かったよ。
ユラ	よかった。じゃ、私にも日本語を教えてね。
ゆうと	もちろん。ぼくにわかることならいつでも教えてあげるよ！
ユラ	がんばりすぎて、明日寝坊しないでね。
ゆうと	ユラもね。また明日、学校で！

회화 1

어휘

今学期 이번 학기 | 期末試験 기말고사 | 終わり 마지막 | (試験を)受ける (시험을) 치다 | ~によっては
~에 따라서는 | いつでも 언제든지 | ~すぎる 너무 ~하다 | 寝坊する 늦잠 자다

会話 2

태우와 하루카가 이번 학기를 돌이켜 보고 있다.

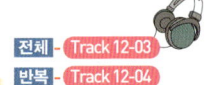

テウ	やっと明日から休みだね。
はるか	そうですね。韓国に来て、あっという間に４か月が過ぎました。
テウ	この４か月間、どうだった？
はるか	たくさん友達もできたし、韓国語もわかってきたし、毎日楽しいです。これも、先輩のおかげです！
テウ	いやいや、はるかちゃんが努力しているからだと思うよ。
はるか	いろいろ助けてくれて本当に感謝しています。来学期は、もっとがんばるつもりです。
テウ	お、気合い入ってるねえ。ぼくもはるかちゃんに負けないようにがんばらなきゃ。

회화 2

ちょっと確認!

회화체에서는 문장의 형태나 발음이 변화하는 경우가 있습니다. 아래의 두 가지 예를 봅시다.

예 ① 行かなければいけません。→ 行かなきゃ。

② 行かなくてはいけません。→ 行かなくちゃ。

어휘

やっと 겨우, 드디어 | 休み(やす) 휴일, 방학 | あっという間(ま) 눈 깜짝할 사이 | 過ぎる(す) 지나다 | 毎日(まいにち) 매일 | おかげ 덕분 | いやいや 아니야 | 努力(どりょく) 노력 | 感謝する(かんしゃ) 감사하다 | 来学期(らいがっき) 다음 학기 | もっと 더 | 気合い(きあ) 기합 | (気合いが)入る(きあ)(はい) (기합이) 들어가다, (의욕을) 갖다 | 負ける(ま) 지다 | ～ように ~하도록 | ～なきゃ ~해야지

表現・文型チェック

1 ～てあげる・～てくれる・～てもらう ~해주다・~해주다・~해 받다

(1) ～てあげる (나 혹은 제3자가 제3자에게) ~해주다

例 テウ先輩ははるかに韓国語を教えてあげました。

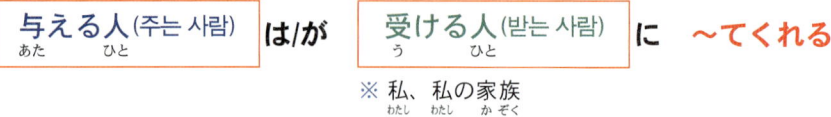

(2) ～てくれる (제3자가 나 혹은 나와 가까운 사람에게) ~해주다

例 テウ先輩が（私）にパソコンの使い方を教えてくれました。

(3) ～てもらう (나 혹은 나와 가까운 사람이 제3자에게) ~해 받다

例 私はテウ先輩にパソコンの使い方を教えてもらいました。

표현·문형 체크

2 感謝の気持ちを述べるとき 고마움을 표시할 때

예 ① みなさんにいろいろ助けてもらって、感謝しています。
② 昨日、バイト代わってくれてありがとう。
③ 韓国語を教えてくれて助かりました。

ここに注目！

「～てあげます」의 용법에는 주의가 필요합니다. 나이나 지위가 위인 사람에게 쓸 경우, 생색내는 듯한 인상을 줄 수 있기 때문입니다. 이때는 「ましょうか」와 같은 제안의 표현이 적절합니다.

※ 9과의 '일본어 플러스(130쪽)' 참조

예 先生、手伝ってあげます。(×)
先生、お手伝いしましょうか。(○)

3 感想や考えを話すとき 감상이나 생각을 말할 때

普通形＋と思う ~(라)고 생각하다

예 ① この前のレポート、よかったと思うよ。
② 明日からもっと大変だと思います。
③ 自分では、よくできたと思います。

ドリル

● 다음 빈칸에 알맞은 말을 보기 에서 골라 올바르게 바꾸어 써 보세요.

> 보기　てあげる・てくれる・てもらう

1 과제의 진척에 대해 말한다.

　A：課題は終わりましたか。

　B：はい。キムさんが①＿＿＿＿＿＿＿＿＿＿ので、全部終わりました。

　A：あ～、キムさんに②＿＿＿＿＿＿＿＿＿＿んですね。

　B：はい。本当に助かりました。

2 선배와 병의 호전에 대해 말한다.

　A：先輩、この前は病院まで①＿＿＿＿＿＿＿＿＿＿てありがとうございました。

　B：もう治ったの？

　A：はい。おかげさまですっかりよくなりました。

　B：あれ？スーパーに行ってきたの？荷物多いね。

　A：はい。先週はルームメートのパクさんに毎日ご飯を②＿＿＿＿＿＿＿＿＿＿ので……。お礼に、今日は私が作るつもりなんです。先輩もどうですか。

　B：じゃ、荷物を一緒に③＿＿＿＿＿＿＿＿＿＿よ。

ロールプレイ

롤플레이

ミッション1

A : 당신은 일본어를 공부하고 있습니다. 일본어 스피치 콘테스트에 나가게 되었는데, 몇 가지 고민이 있습니다. B에게 상황을 설명해 보세요.

B : 당신은 일본인입니다. A의 고민을 듣고 도와주세요.

A : 来月、日本語のスピーチコンテストに出ることになったんだ。

B : そうなの？すごいね！

곤란한 상황을 설명한다

↓

A : それでスピーチの原稿を書いているんだけど、日本語が間違っていないか心配で……。

도움을 제안한다

B : じゃあ、ぼくが日本語のチェックしてあげるよ！

↓

A : 本当？すごく助かる！それから、発音もちょっと心配なんだけど……。

B : 発音、難しいよね。スピーチの原稿が出来たら、スマートフォンで録音してあげる。

감사 인사를 한다

A : わあ、うれしい！ありがとう！

어휘

スピーチコンテスト 스피치 콘테스트 | 原稿 원고 | 録音する 녹음하다

ミッション2

★준비★ 최근에 다른 사람으로 인해 기뻤던 일이나 도움을 받은 일에 대해 2~3명이 함께 얘기해 보세요.

A : 도움 받은 일에 대해 B에게 직접 감사의 인사를 해 보세요.
B : A의 이야기를 듣고 그에 대응해 보세요.

| 감사 인사를 한다 | A：先輩、この間はどうもありがとうございました！ |

 B：え、何のこと？

| 감사하고 싶은 내용을 말한다 | A：日本文化の授業の発表原稿をチェックしてくれましたよね。 |

 B：ああ、そのことかー。

A：それに、発表の仕方も教えてもらって、本当に助かったんです。先輩のおかげで大成功でした！

 B：いやいや。Aさんが一生懸命がんばったからだと思うよ。

| 감사의 표시(작은 선물)를 전한다 | A：それでこれ、ほんの気持ちですけど……。 |

B：いいの？ありがとう！

| (선물에 대한)감사의 마음을 전한다 |

롤플레이

ミッション3

📎 「ピンチを救ってくれた人(위기에서 구해준 사람)」

둘이 혹은 그룹이 되어, 지금까지 살면서 힘든 상황에 처했을 때 '위기에서 구해준 사람'에 대해 이야기해 봅시다. 듣는 사람은 맞장구를 치거나 의견을 말하고 다양한 질문도 해 봅시다.

話の流れ　① 過去にあった困った状況を話す

② 誰が何をしてくれたか話す / 誰に何をしてもらったか話す

③ どうなったか話す

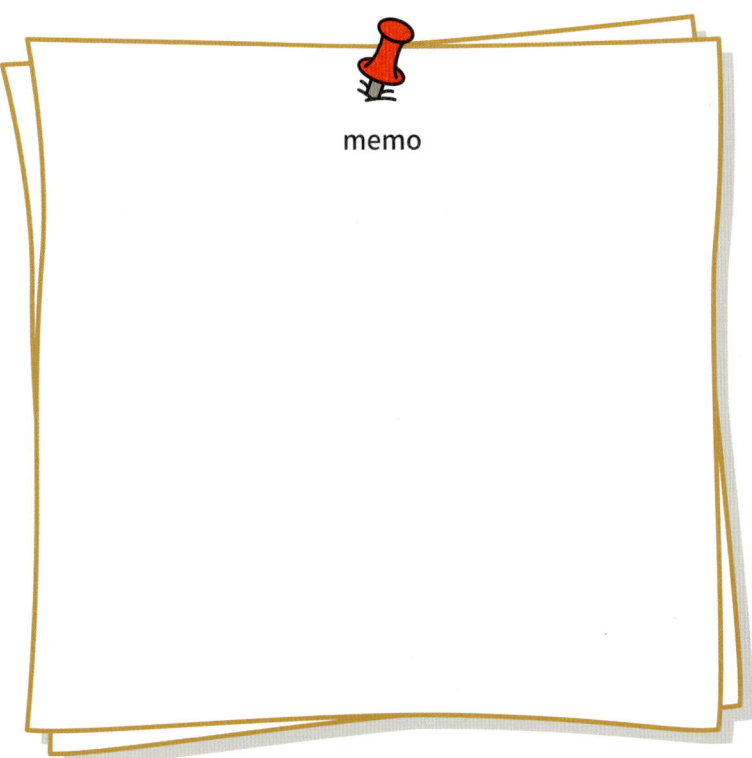

memo

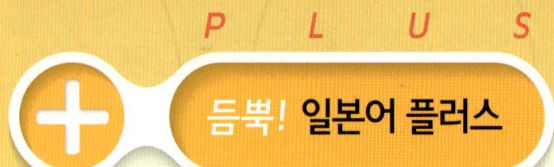

일본의 대학생이 긴 방학을 보내는 방법

긴 방학이 있는 것은 대학생의 특권이지요. 일 년에 두 번, 각각 두 달 정도의 긴 방학 동안 일본의 대학생은 무엇을 할까요? 압도적으로 많이 하는 것은 아르바이트인 듯합니다. 평소에도 판매나 접객 등 아르바이트를 하는 대학생은 많지만, 여름방학이나 겨울방학에는 단기 집중 아르바이트를 하며 돈을 벌어 유흥비나 여행경비에 충당한다고 합니다. 또한, 동아리 활동의 연습을 하거나 자동차 면허를 따는 학생도 많아, 지방 도시를 중심으로 '면허 합숙'이라는 플랜도 준비되어 있을 정도입니다. 그런가 하면 방학을 이용해 자격증 공부를 하는 등 장래를 준비하는 학생도 있다고 합니다. 긴 방학을 헛되지 않고 의미 있게 보내기 위해 여러분은 어떻게 하십니까?

UNIT 07~12

復習チェックシート
ふくしゅう

복습 체크시트

復習してみよう
ふくしゅう

1 UNIT 07~12의 회화 주제나 목표를 다시 확인해 봅시다.

2 UNIT 07~12에서 배운 표현, 문형을 다시 확인해 봅시다.

3 체크 항목을 보고 목표를 달성한 부분에 날짜를 써 봅시다.

復習チェックシート
복습 체크시트

UNIT	과 제목	체크 항목	첫 번째	두 번째
07	**予約した方が いいですよ。** 예약하는 게 좋아요. 状況説明・助言 상황 설명・조언 93쪽	(1) 조언을 구하기에 앞서 상황을 설명할 수 있다. 예 ・～んですが 　　・～んですけど 　　・～んだけど	/	/
		(2) 조언을 구할 수 있다. 예 ・ちょっと相談したいんですが 　　・ちょっと困っているんです	/	/
		(3) 조언을 해줄 수 있다. 예 ・～た方がいい 　　・～ない方がいい	/	/

UNIT	과 제목	체크 항목	첫 번째	두 번째
08	**外国に行ったことがある？** 외국에 가본 적 있어? 経験・希望 경험・희망 107쪽	(1) 과거의 경험을 묻고 말할 수 있다. 예 ・～たことがありますか 　　・～たことなかった	/	/
		(2) 장래 희망을 묻고 말할 수 있다. 예 ・～たいですか 　　・～たい	/	/

UNIT	과 제목	체크 항목	첫 번째	두 번째
09	**ギター弾けるの？** 기타 칠 수 있어? 可能表現・申し出 가능 표현・제안 119쪽	(1) 할 수 있는 일에 대해 묻고 말할 수 있다. 　예 ・～することができる 　　　・동사 가능형(れる / られる)	/	/
		(2) 도움을 제안할 수 있다. 　예 ・～しましょうか	/	/
		(3) 도움을 부탁할 수 있다. 　예 ・～をお願いできますか 　　　・～てほしいんだけど	/	/

UNIT	과 제목	체크 항목	첫 번째	두 번째
10	**あと5分ぐらいで 着くって。** 앞으로 5분 정도면 도착한대. 情報の伝達 정보의 전달 131쪽	(1) 정중한 표현으로 들은 것을 전달할 수 있다. 　예 ・～そうです 　　　・～らしいです 　　　・～って	/	/
		(2) 변화에 대해 말할 수 있다. 　예 ・～になる 　　　・～くなる	/	/
		(3) 어떤 일의 진행과 비례하여 다른 일의 진행도 동시에 일어날 때의 표현을 할 수 있다. 　예 ・～ば～ほど	/	/
		(4) 역접의 표현을 할 수 있다. 　예 ・～のに	/	/

UNIT	과 제목	체크 항목	첫 번째	두 번째
11	プレゼントをもらいました。 선물을 받았습니다. 授受表現 じゅじゅひょうげん 수수 표현 143쪽	(1) 물건을 주고 받을 때의 표현을 할 수 있다. 예 ・〜あげる / くれる / もらう	/	/
		(2) 물건을 줄 때나 준 후에 쓰는 표현을 할 수 있다. 예 ・これ、どうぞ ・これ、あげる	/	/
		(3) 선물을 받을 때나 받은 후에 자신의 마음을 전할 수 있다. 예 ・開けてもいいですか ・前からずっと欲しかったんです ・大切に使います	/	/

UNIT	과 제목	체크 항목	첫 번째	두 번째
12	助けてくれてありがとう。 たす 도와줘서 고마워. 感謝を述べる・振り返る かんしゃ の ふ かえ 감사를 표하다・돌이켜 보다 157쪽	(1) 나 혹은 제3자가 해준 일에 대해 묻고 말할 수 있다. 예 ・〜てあげる / てくれる / てもらう	/	/
		(2) 고마움을 표시할 수 있다. 예 ・〜てもらって感謝しています ・〜てくれてありがとう ・〜てくれて助かりました	/	/
		(3) 감상이나 생각을 간단히 말할 수 있다. 예 ・〜と思います / 思う	/	/

 회화 해석

UNIT 01

회화 1 / 014쪽

유라 : 처음 뵙겠습니다. (당신의) 튜터(개인교사)가 될 김유라라고 합니다.
유토 : 처음 뵙겠습니다. 미카미 유토입니다. 유토라고 불러 주십시오.
유라 : 그럼, 저도 성을 뺀 이름으로 불러 주세요.
유토 : 네. 유라 씨는 몇 학년입니까? 전공은요?
유라 : 지금 3학년이고 일본어를 전공하고 있어요.
유토 : 아, 그렇습니까? 저도 3학년입니다. 저는 경제학을 공부하고 있어요.
유라 : 그럼 동급생이네요. 괜찮다면 연락처를 교환하지 않을래요?
유토 : 물론이죠. 앞으로 잘 부탁해요.
유라 : 저야말로 잘 부탁합니다.

회화 2 / 016쪽

태우 : 처음 뵙겠습니다. (당신의) 튜터가 될 이태우입니다.
하루카 : 처음 뵙겠습니다. 유학생인 야마구치 하루카라고 합니다.
태우 : 하루카 씨는 일본의 어디 출신입니까?
하루카 : 히로시마입니다. 태우 씨는 어디에 살고 있나요?
태우 : 출신은 부산이지만 대학 기숙사에 살고 있습니다.
　　　　모르는 것이 있으면 무엇이든 물어봐 주세요.
하루카 : 고맙습니다. 저, 이 대학에 댄스 동아리는 있나요?
태우 : 있어요. 사실은 저도 댄스 동아리에 속해있어요.
하루카 : 그래요? 다음에 꼭 소개해 주세요.
태우 : 좋아요. 함께 가요.

UNIT 02

회화 1 / 026쪽

태우 : 새로운 생활은 어때요?
하루카 : 친구도 생기고 매일 즐거워요.
태우 : 그래요? 한국 음식은 맵지 않나요?
하루카 : 좀 맵지만, 채소가 많아서 몸에 좋네요.
태우 : 그래도 고기 요리가 많지 않나요?
하루카 : 그건 그렇지만 채소도 같이 먹으니까요.
태우 : 아, 맞다. 학생식당의 점심 먹었어요?
하루카 : 네, 먹었어요. 학생식당의 명물인 김치찌개는 최고네요.

회화 2 / 028쪽

유라 : 유토 씨, 서울 생활은 어때요?
유토 : 가게도 많고 편리해요.
유라 : 그래요? 일본에서는 어떤 곳에서 살았나요?
유토 : 제 고향은 오사카에 있는데 교통이 좀 불편해서 힘들어요.
유라 : 아, 그래요? 가족분들도 거기 살고 계세요?
유토 : 네. 부모님과 고등학생인 여동생 한 명과 시바견 토토가 있습니다.
유라 : 어머, 그래요? 저도 개를 키우고 있어요. 토토는 어떤 개예요?
유토 : 대개 시바견은 영리하고 얌전한데, 토토는 좀…….

UNIT 03

회화 1 / 038쪽

하루카 : 저, 태우 선배님. 잠깐 시간 괜찮으세요?
태우 : 네. 무슨 일인가요?
하루카 : 학교에서 지하철 역까지 어떻게 가면 좋은가요?
태우 : 걸어서 가나요? 아니면 학교 셔틀버스로 가나요?
하루카 : 어느 편이 빠른가요?
태우 : 걷는다면 20분, 셔틀버스라면 10분 정도 걸리고 15분에 한 대씩 와요.
하루카 : 그렇군요. 그럼 급하니까 셔틀버스를 타겠어요.
태우 : 그렇다면 스마트폰으로 시간을 알아볼게요.
하루카 : 그럼, 부탁합니다!

회화 2 / 040쪽

유라 : 저, 뭔가 어려운 일이 있으세요?
관광객 : 인사동에 가고 싶은데요…….
유라 : 인사동이라면 안국역이 가깝습니다. (지도를 보여주며) 지금 명동역이니까 안국역까지 지하철로 15분 정도 걸립니다.
관광객 : 그렇습니까? 몇 호선인가요?
유라 : 여기서 4호선으로 충무로역까지 가서 거기서 3호선으로 갈아타서 세 번째가 안국역입니다.
관광객 : 충무로역에서 갈아타서 세 번째라고요.
유라 : 네. 안국역 6번 출구로 나가시면 됩니다.
관광객 : 아, 큰 도움이 되었습니다. 정말 감사합니다.

UNIT 04

회화 1 / 052쪽

태우 : 하루카 씨, 이번 연휴는 뭐 할 거예요?
하루카 : 10월 20일부터 유학생 프로그램으로 수원 화성에 갈 예정이에요.
태우 : 좋겠네요. 사진 많이 찍어서 보여주세요.
하루카 : 네! 기대돼요! 선배님 예정은요?
태우 : 19일 10시부터 12시까지 과외 아르바이트를 하고 오후에는 도서관에서 과제를 할 생각이에요.
하루카 : 그래요? 힘들겠네요.
태우 : 그래도 그 다음 날은 기숙사 방에서 쉴 거니까 괜찮아요.
하루카 : 그런데 태우 선배님. 슬슬 '하루카 씨'라고 부르는 건 그만하세요. 반말해도 괜찮아요.
태우 : 그래? 그럼, 이제부터 '하루카'라고 부를게.

회화 2 / 054쪽

하루카 : 태우 선배님! 어머, 미카미도 선배님이랑 아는 사이예요?
유토 : 응. 경제학 수업을 같이 들어.
태우 : 난 일본어와 경제학을 복수 전공하고 있거든.
하루카 : 그랬군요. 마침 두 사람에게 할 말이 있는데. 수요일 6교시에 시간 있어요?
태우 : 3시부터? 비어있어. 유토는?
유토 : 저도 수요일은 수업이 1시 15분까지라 괜찮습니다.
하루카 : 그 시간에 같이 중간고사 공부하지 않을래요?
태우 : 좋아. 난 4시 반부터 교양수업이 있긴 하지만.
유토 : 그럼, 제 튜터인 유라 씨도 불러 볼게요.

UNIT 05

회화 1 / 066쪽

하루카 : 선배님, 금요일에 댄스 동아리에서 연습 있어요?
태우 : 있어. 댄스에 흥미 있어?
하루카 : 네! 춤추는 걸 정말 좋아해요.
태우 : 그럼, 이번 금요일에 보러 올래?
하루카 : 꼭이요. 그런데 선배님 점심 먹었어요?
태우 : 응, 어제 만든 김치찌개 먹었어.
하루카 : 와. 선배님, 요리하는 거 좋아하세요?
태우 : 잘하지는 않지만 말이야. 하루카는?
하루카 : 전 먹는 건 잘하지만 만드는 건 좀…….
태우 : 그렇구나. 그럼, 하루카는 먹는 것 전문이네!

회화 2 / 068쪽

유라 : 잠깐 괜찮아요? 저, 신경 쓰이는 게 있어서요.
유토 : 뭔데요?
유라 : 우리, 동갑이니까 반말로 이야기하지 않을래요?
유토 : 아, 사실은 나도 그렇게 생각했었어.
유라 : 그래? 근데 좀 쑥스럽네.
유토 : 괜찮아. 곧 익숙해져. 아, 그러고 보니 하루카랑 반말해?
유라 : 아니, 아직인데. 이제 반말해도 괜찮으려나?
유토 : 응. 두 사람은 사이가 좋으니까 반말해도 되지 않아?
유라 : 그렇지? 다음번에 물어볼게.

UNIT 06

회화 1 / 078쪽

태우 : 하루카, 새 가방 샀어?
하루카 : 네. 토요일에 유라 씨랑 가로수길에서 샀어요.
태우 : 가로수길은 처음 갔어?
하루카 : 네. 멋진 가게가 많았어요. 미카미는 어딘가 갔었어?
유토 : 나는 리포트를 세 개 썼어.
하루카 : 세 개나? 힘들었겠네. 태우 선배님은요?
태우 : 나는 사촌 결혼식이 있어서 부산에 돌아갔었어.
유토 : 우와, 결혼식이라고요? 어땠어요?
태우 : 웨딩드레스도 예뻤고 결혼식도 아주 떠들썩한 게 재미있었어.
하루카 : 한국의 결혼식은 일본의 결혼식과 다르려나…….

회화 2 / 080쪽

유토 : 유라, 이거 제주도 기념품이야. 감귤 초콜릿.
유라 : 와, 고마워! 제주도, 어땠어?
유토 : 2박 3일이라 짧았지만 재미있었어.
유라 : 다행이네.
유토 : 응. 유라는 주말에 뭐했어?
유라 : 하루카랑 가로수길에서 쇼핑도 하고 인도 요리도 먹었어.
유토 : 와, 인도 요리라고? 어땠어?
유라 : 좀 비쌌지만 매콤하고 아주 맛있었어.

UNIT 07

회화 1 / 094쪽

하루카 : 유라 씨, 잠깐 괜찮아요?
유라 : 무슨 일이에요?
하루카 : 주말에, 대전에 사는 히로시마에서 알던 선배를 만나러 가는데요……
유라 : 네.
하루카 : 버스로 갈 예정인데, 표 사는 법을 몰라서요.
유라 : 주말은 길이 막히니까, 버스로 가지 않는 게 좋지 않아요? ＫＴＸ는요?
하루카 : ＫＴＸ요?
유라 : 네. 한국의 신칸센…이라고나 할까? 서울역에서 1시간 걸려요.
하루카 : 그럼, ＫＴＸ로 갈게요. 표는 역에서 사나요?
유라 : 역도 괜찮긴 하지만, 주말이라면 인터넷으로 사전에 예약하는 게 좋아요.

회화 2 / 096쪽

태우 : 유토, 오사카 출신이지?
유토 : 그런데요.
태우 : 사실은 아버지가 장기 출장으로 오사카에 가거든.
유토 : 아, 그래요?
태우 : 오사카에서 지하철이나 버스를 탈 때, 뭔가 조언해 줄 것 있어?
유토 : 이동이 많다면 이코카(ICOCA)를 사는 게 좋아요.
태우 : 이코카(ICOCA)가 뭐야?
유토 : 한국의 교통카드랑 비슷해요. 현금이 필요 없어서 편리해요.
태우 : 그래? 어디서 사?
유토 : 역에서 카드를 사서 충전해서 쓰는 거예요.

UNIT 08

회화 1 / 108쪽

유라 : 하루카, 한국 이외의 나라에 가본 적 있어요?
하루카 : 있어요. 왜요?
유라 : 저기, 그 전에 한 가지 제안이 있는데, 슬슬 반말로 이야기하지 않을래?
하루카 : 저, 제가 한 살 아래인데……괜찮아요? 아, 괜찮아?
유라 : 괜찮아. 그래서 어디 갔었는데?
하루카 : 어 그러니까, 작년에 친구 만나러 태국에 갔었어.
유라 : 태국인 친구?
하루카 : 응. 일본에서 그녀의 튜터를 했었거든. 미카미도 튜터 했었어.
유라 : 어머, 그건 들은 적 없었는걸!

회화 2 / 110쪽

태우 : 저기, 슬쩍 들었는데 일본에 있을 때, 대학에서 튜터 했었어?
유토 : 네, 유학생과 여러 가지 이야기를 해보고 싶었거든요.
태우 : 아, 그렇구나.
유토 : 장래엔 해외에서 일하고 싶다고 생각하고 있어요.
태우 : 그런 꿈이 있구나. 대단한데.
유토 : 선배님의 꿈은요?
태우 : 글쎄. 아직 간 적이 없는 나라를 여행하고 싶어.
유토 : 그거 좋은데요. 그럼 졸업 후엔 어떤 일을 해보고 싶으세요?
태우 : 가능하면 일본어를 사용하는 일을 해보고 싶어.
유토 : 선배라면 반드시 꿈이 이루어질 거라고 생각해요.

UNIT 09

회화 1 / 120쪽

유라 : 유토, 지금 공부 중이야? 바빠?
유토 : 아니. 괜찮아. 무슨 일인데?
유라 : 이번 주 일요일에, 하루카의 생일 파티를 하거든. 올 수 있어?
유토 : 물론이지! 하루카는 알고 있어?
유라 : 아니. 그날 만날 약속은 했는데 파티에 관한 건 비밀이야.
유토 : 그럼 깜짝 파티네. 장소는?
유라 : 동아리 연습장소를 빌릴 수 있어. 그래서 준비하는 걸 도와줬으면 해서.
유토 : 좋아. 태우 선배님이랑 셋이서 할까?
유라 : 그거 좋겠다. 선배님한테 연락해볼게.

회화 2 / 122쪽

태우 : 생일 파티 말인데, 뭘 준비하면 돼?
유라 : 저는 음식을 준비할 거니까 음료를 부탁해도 될까요?
태우 : 오케이. 그 밖에 누구를 부를 거야?
유토 : 동아리나 과 친구들을 부를까요?
유라 : 그럼, 그거 부탁해도 돼? 그리고 선배님, 생일 축하 노래 부를 수 있어요?
태우 : 응? 노래? 혼자서는 좀 부끄러운데.
유토 : 그럼 제가 기타를 칠까요?
태우 : 유토, 기타 칠 수 있어? 몰랐네.
유토 : 그렇게 능숙하진 않지만. 오늘부터 연습하겠습니다!

UNIT 10

회화 1 / 132쪽

유라 : 지금 전화, 누구한테 온 거야?
유토 : 유라도 알고 있는 김 선배님이야.
유라 : 무슨 얘기였어?
유토 : 내일 자원봉사 가이드 시간이 변경됐다고.
유라 : 그래? 그나저나 유토, 한국어 능숙해졌네.
유토 : 아니, 아직이야. 외국어는 공부하면 할수록 어려워지네.
유라 : 그렇지.
유토 : 어? 태우 선배님은 아직이야?
유라 : 앞으로 5분 정도면 도착한대. 하루카가 가장 좋아하는 음식인 떡볶이를 가져온대.

회화 2 / 134쪽

유라 : 하루카, 생일 축하해! 자, 촛불 꺼.
하루카 : 후~. (촛불을 끈다) 모두 정말 고마워요.
유라 : 하루카, 케이크 먹어봐. 어제 내가 만들었어.
하루카 : 대단하다! 응, 맛있어!
태우 : 유라, 정말 요리가 능숙해졌네. 신입생 환영 캠프에선 김치찌개도 못 만들었는데.
유라 : 사실은, 그 후부터 근처 요리교실에 다니고 있어요.
태우 : 아. 그렇구나.
하루카 : 아, 같은 기숙사의 미나 선배님도 다니고 있대요. 선배님의 갈비찜, 아주 맛있는 모양이에요.

UNIT 11

회화 1 / 144쪽

태우 : 생일 축하해. 이거 받아.
하루카 : 감사합니다. 열어봐도 돼요?
태우 : 마음에 들면 좋겠는데.
하루카 : 와, 멋진 댄스 슈즈네요! 받아도 돼요?
태우 : 물론이지. 동아리 친구들 모두가 주는 거야.
하루카 : 모두가요? 저한테 주는 거예요?
태우 : 댄스도 열심히 하고 있으니까.
하루카 : 기뻐요! 마침 갖고 싶었던 거예요. 소중히 쓰겠습니다.

회화 2 / 146쪽

유라 : 있잖아, 김 선배님 곧 졸업 아니야?
유토 : 그러네. 뭔가 졸업 선물을 주고 싶네.
유라 : 응. 모두가 함께 선물 주지 않을래?
유토 : 좋지. 뭐가 좋을까?
유라 : 회사원이 된다는 것 같으니 넥타이는 어때?
유토 : 글쎄, 그것도 좋지만, 받아서 추억에 남을 선물이 좋을 것 같은데.
유라 : 그럼, 같이 찍은 사진이 많으니까 사진앨범은 어때?
유토 : 그거 틀림없이 기뻐할 거라 생각해. 디자인은 나한테 맡겨.
유라 : 그럼, 다 같이 사진을 고를 테니까 부탁해, 유토.
유토 : 오케이.

UNIT 12

회화 1 / 158쪽

유라 : 이번 학기 기말고사도 내일로 끝이네.
유토 : 빨리 시험이 끝났으면 좋겠어.
유라 : 그러게 말이야. 유학생도 한국어로 시험을 쳐?
유토 : 응. 수업에 따라서는, 영어나 일본어로 칠 수도 있지만……
유라 : 그거 힘들겠네. 힘내.
유토 : 그래도 시험 전에 유라가 한국어를 가르쳐 줘서 도움이 됐어.
유라 : 다행이다. 그럼 나한테도 일본어 가르쳐 줘.
유토 : 물론이지. 내가 아는 거라면 언제든지 가르쳐 줄게!
유라 : 너무 무리해서 내일 늦잠 자지 마.
유토 : 유라도. 내일 학교에서 다시 만나!

회화 2 / 160쪽

태우 : 드디어 내일부터 방학이네.
하루카 : 그러네요. 한국에 와서 눈 깜짝할 사이에 4개월이 지났어요.
태우 : 요 4개월 동안, 어땠어?
하루카 : 친구도 많이 생기고, 한국어도 알게 됐고, 날마다 즐거워요. 이것도 선배님 덕분이에요!
태우 : 그건 아니야, 하루카가 노력하고 있기 때문이라고 생각해.
하루카 : 여러 가지로 도와주셔서 정말 감사합니다. 다음 학기는 더 노력할 생각이에요.
태우 : 오, 의욕이 대단한데? 나도 하루카에게 지지 않도록 노력해야지.

드릴 정답 예시

UNIT 01 _021쪽

1. ① と言います / です
   ② と呼んで
   ③ 呼んで
   ④ どうぞよろしく / よろしくお願いします / よろしく
   ⑤ どうぞよろしく / よろしくお願いします / よろしく

2. ① 住んで
   ② 住んで
   ③ 専攻して / 勉強して

UNIT 02 _033쪽

1. ① どんな
   ② まじめで優しい
   ③ 高くない

2. ① どうですか
   ② 早くて大変
   ③ 大変です / 難しいです / 厳しいです
   ④ かっこよくてダンスが上手な

UNIT 03 _046쪽

1. ① どうやって行きますか(行ったらいいですか)
   ② 1本
   ③ どのぐらいかかりますか

2. ① どうやって行きますか(行ったらいいですか)
   ② 乗り換えて
   ③ つ目

UNIT 04 _060쪽

1. ① 空いていますか / 何か予定がありますか / どうですか
   ② 7時
   ③ 月曜日 / 2 4日
   ④ 木曜日 / 2 7日
   ⑤ 予定
   ⑥ 空いていますか / 何か予定がありますか / どうですか

UNIT 05 _073쪽

1. ① 見るのが
   ② 話すのが

2. ① 忙しくない(忙しくないよ)
   ② ある
   ③ 大丈夫(大丈夫だよ)

UNIT 06 _085쪽

1. ① どうでしたか
   ② 上手だった
   ③ かっこよかった

2. ① 撮った
   ② 買った

③ 高くなかった
④ だった

UNIT 07　_102쪽

1　① 食べない
　② 飲んだ
　③ 飲まない

2　① しない
　② した
　③ 答えた

UNIT 08　_114쪽

1　① 行った
　② 食べた
　③ 聞いた

2　① 読みたかった
　② 使いたい
　③ 住んでみたい

UNIT 09　_127쪽

1　① 食べることができ
　② 食べられません(食べることができません)
　③ 食べられ(食べることができ)

2　①② はがきや手紙も出すことができる(出せる)/チケットも買うことができる(買える)/写真も現像することができる(現像できる)/荷物も送ることができる(送れる)/コピーもすることができる(コピーできる)/ガスや水道代も支払うことができる(支払える)

UNIT 10　_139쪽

1　① そうです
　② そうです
　③ らしい

2　① 休講になったって
　② 事故にあったんだって
　③ 足の骨を折ったんだって
　④ 手術するって

UNIT 11　_151쪽

1　① くれるんですか
　② あげませんでした

2　① もらった
　② くれた
　③ もらった
　④ あげる

UNIT 12　_164쪽

1　① 手伝ってくれた/助けてくれた/教えてくれた
　② 手伝ってもらった/助けてもらった/教えてもらった

2　① 連れて行ってくれて/一緒に行ってくれて/送ってくれて
　② 作ってもらった/準備してもらった
　③ 運んであげる/持ってあげる

 바로 꺼내 쓰는 어휘 리스트

UNIT 01　はじめまして。 처음 뵙겠습니다.　～ 初めての出会い 첫 만남 ～

▶ 専攻 전공	教育学 교육학 ｜ 幼児教育学 유아교육학 ｜ 政治学 정치학 ｜ 英文学 영문학 ｜ ビジネス 비즈니스 ｜ 国際関係学 국제관계학
▶ サークル 동아리	ボランティア 자원봉사 ｜ ディベート 토론 ｜ ミュージカル 뮤지컬 ｜ オーケストラ 오케스트라 ｜ ブラスバンド 관악대 ｜ バトミントン 배드민턴 ｜ サッカー 축구 ｜ バスケットボール 농구 ｜ 野球 야구 ｜ 卓球 탁구

UNIT 02　どんなところに住んでいますか。 어떤 곳에 살고 있습니까?　～ 私の生活 나의 생활 ～

▶ 家族の名前 가족 명칭	父 아버지(お父さん) ｜ 母 어머니(お母さん) ｜ 兄 오빠/형(お兄さん) ｜ 弟 남동생 (弟さん) ｜ 姉 언니/누나(お姉さん) ｜ 妹 여동생(妹さん) ｜ 祖父 조부(おじいさん) ｜ 祖母 조모(おばあさん)　※( )안은 타인의 가족을 지칭할 때 쓰는 표현
▶ 町にあるもの 동네 편의시설	映画館 영화관 ｜ 図書館 도서관 ｜ デパート 백화점 ｜ 病院 병원 ｜ スーパー 슈퍼마켓 ｜ コンビニ 편의점 ｜ レストラン 식당 ｜ カフェ 카페

UNIT 03 駅までどう行ったらいいですか。 역까지 어떻게 가면 좋은가요?
~ 行き方の説明 가는 방법의 설명 ~

▶ 交通機関 교통기관	リムジンバス 리무진버스 | 高速バス 고속버스 | 飛行機 비행기 | フェリー 페리, 연락선 | 船 배 | タクシー 택시 | 徒歩 도보 | 特急 특급 | 急行 급행
▶ 交通に関するもの 교통 관련	切符 표 | 座席 좌석 | 指定席 지정석 | 自由席 자유석 | ~番線 ~번선(플랫폼) | 始発 첫차 | 終電 막차 | 時刻表 (운행)시간표 | 満席 만석 | 空席 공석, 빈자리

UNIT 04 日曜日は休むつもりです。 일요일은 쉴 거예요. ~ 予定 예정 ~

▶ 予定関係 예정 관련	~(の)前 ~(의) 전에 | ~(の)後 ~(의) 후에 | 夏休み 여름방학 | 冬休み 겨울방학 | 連休 연휴
▶ アルバイト関係 아르바이트 관련	ウエートレス 웨이트리스 | ウエーター 웨이터 | レジ 계산대 | 引っ越し屋 이삿짐센터 | 家庭教師 과외교사 | ファミリーレストラン 패밀리 레스토랑 | ファーストフード 패스트 푸드 | 居酒屋 술집 | コンビニ 편의점

UNIT 05 踊るのが好きです。 춤추는 것을 좋아합니다.
～好きなこと・友達言葉① - 現在形 - 좋아하는 것 · 반말 표현① - 현재형 - ～

▶ 得意なこと 특기	絵を描く 그림을 그리다 ｜ 楽器を演奏する 악기를 연주하다 ｜ スポーツ 스포츠 ｜ 手芸 수공예 ｜ ものまね 흉내 내기 ｜ 外国語 외국어 ｜ 手品 마술 ｜ ゲーム 게임
▶ 趣味 취미	運動 운동 ｜ インターネット 인터넷 ｜ 料理 요리 ｜ 写真 사진 ｜ 山登り 등산 ｜ ショッピング 쇼핑 ｜ 釣り 낚시 ｜ 映画鑑賞 영화 감상

UNIT 06 旅行どうだった？ 여행은 어땠어?
～過去の出来事・友達言葉② - 過去形 - 과거의 일 · 반말 표현② - 과거형 - ～

▶ 週末の過ごし方 주말을 보내는 방법	家でごろごろする 집에서 빈둥거리다 ｜ カラオケに行く 노래방에 가다 ｜ お酒を飲む 술을 마시다 ｜ 家族と出かける 가족과 외출하다 ｜ ドライブをする 드라이브를 하다 ｜ ショッピングする 쇼핑을 하다 ｜ キャンプをする 캠프를 하다 ｜ 部屋を片付ける 방을 정리하다
▶ 旅行 여행	一泊二日 1박 2일 ｜ 二泊三日 2박 3일 ｜ 三泊四日 3박 4일 ｜ 四泊五日 4박 5일 ｜ 日帰り 당일여행 ｜ 景色 경치 ｜ おみやげ 기념품 ｜ レート 환율 ｜ 両替 환전 ｜ ガイドブック 여행 안내서 ｜ 乗り放題 자유 승차권 ｜ 穴場 아직 널리 알려지지 않았지만 좋은 곳

UNIT 07　予約した方がいいですよ。 예약하는 게 좋아요.
～状況説明・助言 상황 설명・조언～

▶ **病状** 병의 증상	頭が痛い 머리가 아프다 ｜ 熱がある 열이 있다 ｜ 鼻水が出る 콧물이 나다 ｜ 咳が出る 기침이 나다 ｜ インフルエンザ 독감 ｜ 花粉症 꽃가루 알레르기 ｜ 捻挫 염좌 ｜ 骨折 골절
▶ **(語学の)勉強の仕方** 어학 공부법	ニュースを毎日見る 뉴스를 매일 보다 ｜ ラジオ・CDを聞く 라디오・CD를 듣다 ｜ 発音の練習をする 발음 연습을 하다 ｜ 塾 학원 ｜ 家庭教師 과외교사 ｜ 個人レッスン 개인 레슨

UNIT 08　外国に行ったことがある？ 외국에 가본 적 있어? ～経験・希望 경험・희망～

▶ **夢の職業** 장래 희망	俳優 배우 ｜ 弁護士 변호사 ｜ 大統領 대통령 ｜ 警察官 경찰관 ｜ 作家 작가 ｜ ジャーナリスト 저널리스트, 기자 ｜ 野球選手 야구 선수
▶ **お金があったらしたいこと** 돈이 있다면 하고 싶은 것	世界一周旅行 세계 일주 여행 ｜ ～に住む ~에 살다 ｜ ～で生活する ~에서 생활하다 ｜ ～を買う ~을 사다 ｜ 貯金する 저금하다 ｜ ～を習う ~을 배우다
▶ **経験** 경험	うめぼし/さしみを食べる 매실 장아찌/회를 먹다 ｜ 温泉/露天風呂に入る 온천/노천탕에 들어가다 ｜ 着物/ゆかたを着る 기모노/유카타를 입다 ｜ 富士山に登る 후지산에 오르다 ｜ オーロラ/流れ星を見る 오로라/유성을 보다 ｜ 徹夜する 밤을 새우다 ｜ 授業をさぼる 수업을 빼먹다 ｜ 料理をする 요리를 하다

UNIT 09 ギター弾けるの？ 기타 칠 수 있어? ～可能表現・申し出 가능 표현・제안～

▶ アピールできること 남에게 내세울 수 있는 것	～語を話す (외국)어를 하다 | 走る 달리기를 하다 | 泳ぐ 수영을 하다 | 登る 등산을 하다 | (キーボードを) 打つ (피아노 건반을) 치다 | 踊る 춤을 추다 | 弾く 악기를 연주하다 | (管楽器を) 吹く (관악기를) 불다 | 覚える 외우다 | 着物を着る 기모노를 입다

UNIT 10 あと5分ぐらいで着くって。 앞으로 5분 정도면 도착한대. ～情報の伝達 정보의 전달～

▶ 情報 정보	クーポンがもらえる 쿠폰을 받을 수 있다 | 安くなる 싸진다 | セールがある 세일이 있다 | テストがある 테스트가 있다 | 新しいお店ができる 새로운 가게가 생기다
▶ 噂 소문	～を始める ~을 시작하다 | ～を辞める ~을 그만두다 | ～と付き合う ~와 사귀다 | ～と別れる ~와 헤어지다 | ～がおいしい ~이 맛있다

UNIT 11　プレゼントをもらいました。 선물을 받았습니다.
～授受表現 수수 표현～
じゅじゅひょうげん

▶ 特別な日（とくべつ ひ）特별한 날	母の日(はは ひ) 어머니의 날 (5월 둘째 일요일) | 父の日(ちち ひ) 아버지의 날 (6월 셋째 일요일) | バレンタインデー 밸런타인 데이 | ホワイトデー 화이트 데이 | クリスマス 크리스마스 | お正月(しょうがつ) 설날 | 成人式(せいじんしき) 성인식 | 入学式(にゅうがくしき) 입학식 | 卒業式(そつぎょうしき) 졸업식 | 結婚式(けっこんしき) 결혼식
▶ あげるもの 선물	カーネーション 카네이션 | チョコレート 초콜릿 | 手作り(てづく) 수제 | 義理チョコ(ぎり) 의리 초콜릿(밸런타인 데이 때, 직장 상사나 동료에게 마지못해 선물하는 초콜릿) | マシュマロ 마시멜로 | キャンディー 사탕 | お年玉(としだま) 세뱃돈 | お祝い(いわ) 축하(선물) | ご祝儀(しゅうぎ) 축의금

UNIT 12　助けてくれてありがとう。 도와줘서 고마워.
たす
～感謝を述べる・振り返る 감사를 표하다・돌이켜 보다～
かんしゃ の ふ かえ

▶ 大会(コンテスト)行事(たいかい ぎょうじ) 각종 대회	ダンス大会(たいかい) 댄스 대회 | 書き初め大会(か ぞ たいかい) 신춘 붓글씨 대회 | マラソン大会(たいかい) 마라톤 대회 | カラオケ大会(たいかい) 가라오케 대회 | フォトコンテスト 사진 콘테스트 | イラストコンテスト 일러스트 콘테스트 | 吹奏楽コンクール(すいそうがく) 취주악 콩쿠르 | ピアノコンクール 피아노 콩쿠르

동양북스 채널에서 더 많은 도서 더 많은 이야기를 만나보세요!

외국어 출판 45년의 신뢰
외국어 전문 출판 그룹
동양북스가 만드는 책은 다릅니다.

45년의 쉼 없는 노력과 도전으로 책 만들기에 최선을 다해온
동양북스는 오늘도 미래의 가치에 투자하고 있습니다.
대한민국의 내일을 생각하는 도전 정신과 믿음으로 최선을 다하겠습니다.

동양북스